ロジカルやMECEだけではうまくいかない!?

\かてきょ式/
わくわく思考せんりゃく

ビジネスコンサルタント
はたらく女性のかていきょうし
タブタカヒロ

すばる舎

Bob Dylan

The Times They Are a-Changin'

サードインパクト、始まる。

ひとりで見る夢は夢でしかない。誰かと共に見る夢は現実。

――オノ・ヨーコ

これからは仕事のやり方が、変わる。革命的に。

はじめましてタブタカヒロです。なんか大袈裟に書き始めて少し後悔していますが、時代と共に変わってきた働き方を振り返ると、そう思ってしまいます。

昭和の高度成長期。みんなで一致団結して同じ考え・やり方でがんばれば売上が伸びる、結果がついてくる。「集団努力」の時代でした。この時期は、もっとたくさん生産し、販売するための効率化や組織論が重視されたように思います。

バブルが弾けた平成。コスパの良い筋肉質な組織になるべくコストカットに人員削減も。その結果、一致団結型から「個人・実力・成果主義」に変わった時代。この頃はじぶんが人よりバリバリ仕事がデキるようになるための、スキルアップが全盛な感じ。

そして令和、仕事のテーマがコスパ追求だけじゃ思いつかないものに変化してます。イノベーションと社会課題の解決。「想い」や「夢」をみんなに伝えて、一緒に世の中を変えることです。想いや夢へのわくわくから始まる、共有・共感・協働の時代です。

「バリバリからわくわく」へシフト中の今、もう「人よりバリバリ仕事がデキる」はいいんじゃない？　みんなでわくわくできることが大事じゃない？　と思い至った次第です。

本書で紹介するのは、人より賢く、デキるようになるために「**周りと差をつける、シャープな武器**」**としての思考法**ではありません。あなたの想いや夢を実現するため、一緒にわくわくする味方を増やすために「**周りがふにおちる、わかりやすい共通言語**」**としての思考法**です。

そう、共通言語。

一部の人たちが独占していた「秘密兵器」的な知識が、「共通言語」として開放されて、知識の革命的な変化が起きるのって、歴史の常だと思います。

印刷革命で「文字」が大衆に開放されて知識が増大したように。

情報革命で「コンピューター」と「ネット」が一人ひとりに開放されて知識の共有が高まったように。

だけどネットは意見や価値観の合わないもの同士の対立が激しくなりがち。だから次のサードインパクトは「思考」が共通言語として開放される。想いや考えがみんなに共有されやすくなり、対立を乗り越える方向に進むと思うんです。そんな思いで、読んで楽しく、わかりやすく、わくわくする、新しいスタイルの思考法をまとめました。

やりたいことが見つからない。

考えをまとめるのが苦手。

周りとうまくやるのが苦手。

「〜思考」の本を読んでもピンとこない。

どれかにあてはまる！という方に、ぜひこの本を読んでいただきたいです。ぼくがそうだったので。だからこういう思考の「せんりゃく」を考えたので。

そして読んだ後に「新しい時代に、わくわくする」と1ミリでも思っていただけると嬉しいです。

令和2年1月1日

著者記す

かてきょ式　わくわく思考せんりゃく。

もくじ

プロローグ

「スゴい」から「わくわく」へ

第1章

世界には3つの思考法しかない

第2章 割り算思考でピタッと整理

第3章

引き算思考でダイジを見抜く

第4章 掛け算思考でアイデアを生む

第5章 わくわく思考の達人になる！習慣

プロローグ

「スゴい」から「わくわく」へ

能力や技じゃない。その場にいる者たちを次々に自分の味方につける。この海においてあの男は最もおそるべき力を持っている。

——ジュラキール・ミホーク(『ワンピース』より)

「スゴい仕事術」じゃ、人は動かない

改めましてこんにちは。タブタカヒロです。

本業は外資系コンサル企業で10年以上、ビジネスコンサルタントとして働きつつ、週末は働く女性を中心に個人向けお仕事コンサルを提供する「はたらく女性のかていきょうし」というライフワークも10年続けています。

その前は外資系アパレル業界で海外メンバーと業務変革やシステム刷新プロジェクトのキャリアを積むかたわら、ビジネススクールに通いＭＢＡを取得しました。

「華麗なキャリアですね」

とよく言われます。確かにカッコよく聞こえますが、実はコンサルになりたての頃は周りに追いつけず、役に立てない。その結果、仕事がさっぱりこなくなり、もうコンサル辞めるしかないなと覚悟してました。

そんな崖っぷちコンサルタントだったぼくが、どうして這い上がってお仕事をたくさんいただけるようになったのか？　そのきっかけが、「スゴい仕事」から「味方をつくる仕事」へ、仕事のやり方を大転換したことでした。

具体的に、どんなことをしたのかというと、それまでコンサルタントとして使ってきたガチガチの思考法を、じぶんも周りも、もっとわくわくできるものに思い切って変えたんです。

ロジカル思考、クリティカル思考、デザイン思考……

世の中にある難しそうな思考法をもっと身近に感じられるスタイルに開放する。そしてもっと自由なやり方で、本当のじぶんの想いを見つけること・想いを伝えること・行動することにみんなで脳みそを使っていきたい♪　そんな思いでこの本を書きました。

そもそもこの手の思考法って、超高速CPUの脳の持ち主じゃないと使いこなせない、賢くて仕事もデキるスゴい人御用達《ごようたし》のスーパースキルと思われがちです。そんなスゴい思考法に憧れて、じぶんもそんなスキルを手にして周りよりスゴくなりたい！と思う人がぼくも含め、これまではたくさんいました。

でも、時代は変わりつつあります。
具体的に3つの変化が起きています。

①グローバル化。国内で閉じていた環境が変わります。海外との接点は確実に増えます。

②異業種・異職種化。縦割りのなわばり組織が変わります。技術や顧客の変化にあわせて新しいやり方が必要となるので、異なる業界や職種との仕事が増えます。

③職場の多様化。似た者同士のムラ社会が変わります。人口減少もあり、国籍、性別、世代、価値観、働き方が異なる多様な人たちと仕事をする職場に変わります。

最初はお互いに話が通じないから、まずわかりあうことから始まる。ズバリ多様性の時代です。ぼくは多様性満載な海外の仕事を通して、今までのガチガチの思考法だと、わかりあえず通用しない光景を多数目撃しました。ユーの考え、スゴいかもだけど、ゼンゼンワカラナイ。みたいな。

そんな多様性の時代は、まずじぶんのやりたいことについて共感してもらい、一緒に行動してもらい、古い常識や制約を変えて新しいことを実現する。そんな仕事のスタイルに変える必要があると気づきました。ダイジなことは「味方を増やす」。みんなから「スゴい」じゃなくて、**「おもしろそう」「一緒にやりたい」**と言ってもらえることなんです。

崖っぷち経験をきっかけに、ぼくが始めたこと。それが味方を増やせるくらい、じぶんの想いについてじぶんも周りも「わくわく」させる。もっとみんながスンナリわかりあえる共通言語みたいな思考法だったんです。

ところで、どうしてぼくがこんなことが必要だと思ったのか？

簡単にその経緯をお話しさせてください。

0-2

クライアントのオフィスで号泣事件

もう10年以上前になります。コンサルタントの仕事に就いて泣いたのは。一度だけ。「泣いた」というより、「号泣」です。それも場所はクライアントのオフィス。号泣の理由は当の本人にも理解不能。当時の上司から呼ばれた二人きりの会議室で「どうした、最近?」と言われた瞬間、ハイ、号泣してしまったんです。

その後上司から何を言われたのか、いつどうやって帰宅したのかすら、よく覚えていません。でも、結局そのしばらく後に、ぼくは自らプロジェクトを去ることになります。この謎の号泣事件の解明には、ぼくが外資系アパレルから、初めてコンサルに転職した頃に時計の針を戻す必要があります。

「働き方改革」の影響もあり、今ではだいぶマイルドになりましたが、コンサルの職場って仕事に対する取り組み方がかなり厳しく、中途入社で入るとかなり戸惑います。

コンサルファームでは、とにかく「思考」そのものが最重要。まず徹底的にロジカルであること、その上で作成する資料は圧倒的に速い・綺麗・正確であることが求められます。

これらを徹底的に追求し、できなかったらガチでダメ出しされそうな緊張感。スゴい人しかいない、ピリピリ・シリアスな実力主義のマッチョな雰囲気に、不適切な表現ですが文字通り「**おしっこちびりそう**」と頭の中でつぶやいていました（とはいえ、みんな性格はいい人ですのでご安心を。そして今は時代も変わり緊張度もかなりマイルドになっています）。

ウワサに聞いていたけどそれ以上だと当時のぼくは危機感を覚え、さまざまな思考法を猛勉強。コンサル的な資料作成にも日々汗を流しました。頭のてっぺんから爪先までロジカルに、誰よりも正しく、速く、正確に考えてアウトプットする。そしてスゴい人の仲間入りをするのだ！と。そうしないと、コンサルとして生きていけないぞ！と。

数ヵ月後、上司や同僚、クライアントがぼくの話に耳を傾け、仕事の依頼や相談をいただけるようになりました。ようやくコンサルの思考法と仕事の仕方がちょっとわかってきたかも、という自信が芽生えます。実力主義で「マッチョ」な環境に適応しはじめたぼくってエラい、とも思いました。

でも、今は断言できますが、この自信はまやかし、すごく辛かったんです。じぶんでも気づかないうちに、**「本当にこのやり方でいいんだろうか?」**という違和感と、誰よりもスゴい仕事を目指す「マッチョ」スタイルへの疲弊が募っていたのです。

実はぼく自身、無意識に自覚してたんだと思います。スゴい思考法を「わかったつもり」なだけでマスターなんかしちゃいないことを。スゴい仕事をするマッチョなコンサル界で、じぶんはやっていけず、いつか潰れるんじゃないかと不安に感じていることも。

そのせいか、いつしか周りとの仕事のコミュニケーションが著しく減って、いつも表情が硬かった。人間のカラダって不思議です。要するに当時のぼくは、無意識のうちにメンタル的にちょっと病んでいる状態だったんです。

時計の針を、号泣事件の日に戻します。当時の上司はさすが、ぼくの状態をすっかりお見通しでした。表向き張り切っているようでも「何かおかしい」と感じて、その日「ちょっと、いい？」とぼくを呼び出し、二人きりの状態にしてこう話しかけたわけです。

「どうした、最近？」

その一言で、無意識のうちに募っていた違和感と疲弊が、涙と一緒に決壊しちゃいました。まやかしの自信と共に。すべてが涙に流されて、残ったのは、「**スゴい仕事、スゴい思考はぼくにはできないんだ**」というほろ苦い自覚でした。

そのプロジェクトはまだまだ先の長い大事なプロジェクトでしたが、もはやぼくはすべてにおいていたたまれない状態。その後しばらくして「じぶんを降ろしてください」と上司に無茶なお願いをし、チームを自ら去ったのです。

ぼくの無職時代

そこから約半年間、ぼくは「無職状態」でした。

コンサルタントは、プロジェクトという案件単位で仕事をします。プロジェクトのメンバーに選ばれて参画することを「アサインされる」と言いますが、アサインされたメンバーが集まりチームを組みます。そしてみんなで、プロジェクトに課されたミッション・コンプリートのために働くのです。

このため定型の決まった仕事は少なく、今のプロジェクトが終われば全然違う次のプロジェクト、そしてその次も…というふうにどんどん新しいプロジェクトにアサインされていく、渡り鳥みたいな仕事スタイルです。

そんなプロジェクトの成功要素は、やはり「人」です。チームに集まるメンバーの能力が大きく影響するため、プロジェクトのリーダーがメンバーを面接で選ぶ時は、候補者の実績・評判を参考に慎重に採用を決めます。

コンサル歴1年、実績どころかコンサル思考さえ身についていないぼくは、コンサルタントとしての「市場価値」はほぼゼロ。面接を受けてもアサインが決まらず、いつしか声すらかからなくなりました。コンサルにとってプロジェクトにアサインされないということは、仕事がないということ。**朝から終業時間まで、何もやることがありません。**そんな「無職状態」が半年ほど続きました。

それだけでも十分崖っぷちなんですが、その極みは「無職」中のボーナスでした。明細を見ると、ゼロが一つ少ない。その瞬間、あ、ぼくのコンサルキャリア終わったなと覚悟したんです。

でもその瞬間が実は転機でした。

思いっきり開き直っちゃったんです。

どうせ終わるなら無職時間を有効に使って何かやろう！と。スゴい思考法じゃ他のコンサルにかなわないことは思い知ったので、ぼくらしさを活かして、ぼくにしかできないやり方、つまり「せんりゃく」を考えようと。

そして思いついたのが、**「女性向けの個人コンサルティング」**でした。コンサルって、緊張感ありありの実力主義でマッチョなイメージで、当時は女性向けコンサルなんてありません。でも、ぼくの経験を活かしたら、ぼくならできるんじゃないか？　ぼくにしかできないんじゃないか？と考えたんです。

今振り返ると、この思いつきが起死回生の一撃でした。「女性に対して話すなら」という目線でぼくが学んだ思考法を見渡すと、ことごとく「絶対わかりづらい…っていうか、まず耳も貸してもらえない」ものばかりだと気づいたんです。

ぼくはもともと外資系アパレル企業しかも婦人肌着という、顧客も職場も女性中心の環境で社会人キャリアをスタートしました。男性より女性が仕事できて当然、じぶんの上司はほぼ女性という環境で、仕事における女性とのコミュニケーションは徹底的に鍛えられました。

仕事における女性とのコミュニケーションで大事なことは、ロジカルか、正しいか、スゴいかではありません。むしろそれらは逆効果。ポイントは**親近感を持てるか、共感できるか、納得感を持てるか、**です。

あ、これって「はじめに」でお話しした多様性の時代にダイジな思考と同じですね！

そう、「女性にわかりやすく」を社会人1年目から追求していたおかげで、ぼくはこれからの時代に必要な「わくわく」を生み出すという感覚を無意識に身につけていたというワケなんです。

新しい戦略が決まったので、さっそく行動に移りました。まずは今まで学んだスゴい思考法やパワポ資料は、そのままじゃ女性に伝わりづらいのですべてボツ。堅苦しいPCもやめてわくわく感の高いiPadに変更。

次に新しい思考法づくりです。思考法だけでなく、デザイン・心理学・コミュニケーションなどを勉強しまくり、じぶんの経験もふまえ、女性の感性に訴える写真とわかりすい言葉とシンプルな絵を使った、一目で「あ、イイ♪」と女性が共感できるスタイルに再構築。

そして1ヵ月後、ついにそれが完成しました。コンサルのパワポと全然違う、iPadのKeynoteにまとまった新しい思考法です。そのiPadを手に、新しいぼく「**はたらく女性のかていきょうし**」が誕生しました。

「コンサル」というスゴい肩書きでなく、女性に親近感と共感を持っていただくためにつけたこの名称を掲げて、週末に「かてきょ」活動を開始したのです。

0-4 かてきょ思考？

で、その新しい思考法って結局どんなの？

という疑問を持たれると思います。この本でご紹介する思考法について概要をご紹介します。思考法といっても、何か特別なことを学ばなくてはならないわけではありません。

ぼくは世の中にあるいろんな「思考法」やフレームワークをすべて、誰にでも直感的にわかるし、誰でもそれに沿ってじぶんの悩んでいることを整理できるよう「お作法」化しています。

かていきょうしを受ける働く女性、一部男性もいらっしゃいますが、彼女彼等はガチガチの思考ツールを身につけたくて受講されるのではありません。誰よりもスゴい仕事ができるようになることが受講理由でもありません。今本人が抱えているキャリアのもやもやや仕事の課題を整理して、方向性や明日からやることを見つけたいから受講されます。
ですので、いちいちトリセツや解説が必要な難しい思考法を教えるなんてことやっても何の価値もありません。受講される方が何でも話しやすい雰囲気をつくって、たくさんお話を聞く。受講される方は何のまとまりもなくとりとめもなく、ぼくが時々入れる合いの手や質問にあわせて悩みを話すだけです。そしてひとしきりお話を伺って、ぼくの手にあるiPadに手書きで**「こういうことですか？」**とシンプルな一枚の「お作法」に整理してお見せする。

そうすると**「すごい！　私の悩みが整理されてる」**と一瞬でふにおちていただき、じぶんなりのコタエや明日から始める次の一歩を自然と見つけることができる。これが「かていきょうし」でお届けしていることです。

従来の思考法の出る幕はなく、直感的に一瞬でわかる「お作法」でじぶんの悩みが整理されているので、受講した方にはぼくの思考にすぐに共感・納得していただける。そしてじぶんが明日からやるべき方向性と期待が見えてくるので自然と「わくわく感」が生まれます。

ぼくのかていきょうし（略して「かてきょ」）を受けられる方は**「かてきょ女子」「かてきょ男子」**とお呼びしています。今までのべ600人近くの「かてきょ」をさせていただきましたが、例えば次のようにぼくの思考のお作法を使って、わくわくを見つけていただいています。

一大決心して大企業から立ち上がったばかりのグローバルNPOに転職し、日本支部のリーダーとなったかてきょ女子の方は、リーダーであるじぶんとメンバーとの役割について悩んでいました。彼女には**「ロジカルシンキング」**を用いた組織マネジメントのフレームワークを、全く違うカタチのお作法でお届けしました。それは一枚のピラミッドの写真。「このピラミッドって、何人いたらできると思います？」。そのコタエに納得し、共感し、行動に移した彼女は、その後この日本支部を大きく成長させることができました。

ある営業職のかてきょ女子は、クライアントに大型案件を提案するコンペを任されて、提案内容をどう考えたらいいのか悩んでらっしゃいました。彼女には一流コンサルファームが用いる**「クリティカルシンキング」**という思考法を、ある「お作法」として全く違うカタチでご紹介。「あ、そうやって考えるんだ！」と提案の本質的なポイントを大幅に見直してプレゼンに挑み、クライアントに対してそして社内でも一目置かれる存在になりました。

じぶんのキャリアは裏方。陽の当たらないポジションばかりで何とかしたいとご相談にいらしたかてきょ男子に、**「デザインシンキング」**と呼ばれる思考法の一つを、直感的にすぐわかる「お作法」としてご紹介したこともあります。まずは、彼のこれまでのキャリアを活かして、彼しかできないスキルとキャリア戦略に整理させていただきました。じぶんって考え方によってはそんな強みがあるのか！と自信とわくわく感を抱いた彼は、じぶんのキャリアとスキルを再定義して、有名なＩＴスタートアップ企業に転職し、プロジェクトマネジメントや新規事業立ち上げといった要職を任されています。

限られたスゴい人たちだけが使える堅苦しい思考法では、彼女彼等はわくわくする考えを見つけることができなかったかもしれません。お互いの考えに共感し、さらに一緒に考えを発展させるための簡単な「共通言語」へとお作法化することで、一人ひとりの可能性が広がる。その効果をたくさんのかてきょで実感してきました。

0-5 いつの間にか応援してくれる人が続々♪

こうして、かてきょ式のお作法を使っていくと、素敵な効果が現れます。それは、「味方が増える」という効果です。

彼女彼等が、かてきょで見つけたやりたいことを、かてきょスタイルで職場の人に伝えると、**「あ、いいね、それ♪」**とかなりの高確率で共感してもらえるのです。そして応援してくれる人がどんどん増える。だからこそ、一見ハードルの高そうなことも無理なく実現していくことができるのです。

そして、ぼく自身にも素敵なことが起こりました。

難しいこと、もんもんとしていること、悩んでいることを、誰にでもわかる考え方で整理する。そんな「かていきょうし」を繰り返していると、自然と口コミで広まり、知り合いそのまた知り合いの方から依頼が殺到。ぼくのお作法に腹落ちし、わくわくしていただいた、かてきょ女子・男子のみなさんが、かてきょのファン（味方）になって、ぼくの代わりに一番効果的な口コミマーケティングをしてくれたのです。

かていきょうしは広告も打たずSEO対策もせずメーリスも送らないというマーケティング的にありえない方式でやっていましたが、一時期は予約4ヵ月待ちみたいな大盛況になってしまいました。

かてきょ女子・男子の口コミマーケティングはとどまることを知らず、彼女彼等につながりのある方に積極的に紹介いただいて、セミナー講師、メディア取材、執筆、企業研修プログラムの開発などなどのご依頼をいただくようになりました。

「味方が増える」効果は本業のコンサルでも現れました。「無職時代」中に奇跡的にお声がけいただいたプロジェクトで、もっと誰にでも直感的に伝わる思考スタイルにアレンジしてクライアントと仕事をしていたら、いつの間にかクライアントや周りの信頼と評価をいただくようになったみたいです。

その後社内で「クライアントとのコミュニケーションが難しいプロジェクトは、タブさんだったら大丈夫」みたいに評価をいただき、口コミでぼくを紹介していただくことが増えました。

プロジェクトには、会社・部署・仕事内容などいろんな立場・考えの人たちが関係します。お互いに理解しあい、納得しあって協力をもらえないと、絶対にうまくいきません。相手よりスゴいを目指すやり方は手っ取り早いかもしれませんが敵を増やしがち。実は相手に共感・納得してもらうコミュニケーションが最大の成功要素なんです。

そのうちずっと同じクライアントや同じ上司から名指しで**「次回の案件もタブさんで♪」**とリピート指名を受けるようになり、いつしかプロジェクトリーダーを任されるようになっていました。

ぼくは誰よりもスゴい仕事はできないし、誰にでもできない難しいことを考えることはできません。でもみんなに伝わりやすいお作法で考えることを続けていると、相手が共感してくれて、勝手に味方になっていろんなチャンスを届けてくれます。

この本を読んでいただくみなさんも、今まで難解と感じていたいろんな「思考法」をもっとラクに自由なスタイルでとらえてください。そして、**「あ、こうやって考えるんだ!」**と思ったら、ぜひ職場で使ってみてください。

今まで話の通じなかった同僚や上司や顧客が「あ、なるほど、いいね!」と言ってくれる回数が増えると思います。そして「あなたのアイデアなら、応援する」と言ってくれると思います。さらにいつかその人たちが、じぶん一人ではできないような、仕事のチャンスや縁を紹介してくれると思います。

読むだけでも、目からウロコなわかりやすさで楽しんでいただけると思いますが、ぜひ一つでも職場で試してみてわくわく感を味わっていただけると嬉しいです。

それではさっそく、次のページから始めましょう。

第1章

世界には3つの思考法しかない

シンプルさはすべてのエレガンスの鍵です。

―― ココ・シャネル

1-1

世界に思考法はいくつある？

ところで、質問です。

世の中にはいろんな「思考法」があると思いますが、いったい世界にそうした方法はいくつあるのでしょう？

ロジカルシンキングみたいに聞いたことある有名な思考法もあるし、ネットや動画、書店でも「〜思考法」という言葉をたくさん目にします。じゃあ、全部で何個ある？と聞かれた時の答え方で、本当にデキる人かどうかがわかります。

デキる人もどきの答え方は、2パターンに分かれます。

1つ目は、じぶんが周りよりも賢い・詳しいことを確信して上に立ちたいので、「何個ある？」と聞かれると、聞いたことのある「思考法」と名のつくものを指折り挙げ出します。記憶力テスト、知識量テストであれば、高成績と評価されるかもしれません。でもその情報にはそれ以上の示唆がない、ちょっと「思考」の足りない答え方です。

2つ目のパターンは「この思考法が最強」「今どきはこの思考法」みたいに、じぶんが信じる思考法や最近流行の思考法の一点張りパターン。「今年のファッションは〜が正解」に忠実に従ってしまう人みたいに、流行や評判や好き嫌いで「正解」を選択。しかもその思考法を身につけたら周りと差をつけられるという競争主義のマッチョ思考も窺《うかが》えます。書店でよく見かける「〜思考」イチ押しのビジネス書は、そんな正解大好きマッチョ主義をターゲットにしたマーケティング戦略の現れとも言えます。

本当にデキる人の答え方は、これら2パターンのどちらにも属しない第三の答え方。まずは一言、

「3つあります」

と答えます。単純にじぶんの脳に記憶されてる「〜思考」の検索結果を指折り数えてもあまり意味はない。その思考の数々をじぶんなりの観点で整理した結果、いくつに分類できるかを答えようとする。じぶんの観点で一味加えて、分類・整理したことを伝えるのがデキる人の思考のクセ、答え方の流儀です。

そして整理の結果をなるだけ「3つ」にまとめるのが、デキる人流。

「見猿・聞か猿・言わ猿」
「人民の・人民による・人民のための政治」
「ボケ・ノリ・ツッコミ」
「〜御三家・三きょうだい」
「アン・ドゥ・トゥロワ」の3拍子
カウントダウンは必ず「3・2・1」

人間はなぜか「3」が大好き。

デキる人は人間は3のリズムでまとめられると、覚えやすいしなんとなく納得してしまうことを知っているので、まず「3つある」と答えてその瞬間から脳みそをフル回転して、3つに整理しています。これがデキる人の思考のお作法です。

と、いうことで。ぼくもデキる人のお作法に倣ってお伝えしたいと思います。

この世に「～思考法」と呼ばれるものはたくさん存在しますが、結局は「3つ」しかありません。

その3つとは？

1-2

キホンはたった3つの数式

そもそも「思考」ってどういうこと？

「それって何？」「どうしてですか？」「何に使うの？ どんないいことがあるの？」はデキる人の3大クエスチョンだと思います。みんなが「そんなのジョーシキ」と固定観念が作用してスルーしがちな「そもそもの大前提」から問題提起して思考をスタートします。アップルの創業者スティーブ・ジョブズが全く新しいプロダクトを世に出す時「〜を再定義した」というフレーズを使っていました。まさに「大前提からスタート」する思考です。

それでは改めて「思考」って何でしょう？

一番シンプルな答えは「脳のお仕事」。人間は脳で考えます。では脳ってどうやって考えているのか?を知る必要があります。人間の脳は、じぶんの周りのあらゆる事象をパターン化するという作業を通して、状況判断、意思決定を行っています。そのパターン化をじぶんだけじゃなくて相手にもわかるような形にしたものの代表例が「数式」です。中世の代表的な科学者ガリレオ・ガリレイが残した、

「宇宙という書物は数学という言葉で書かれている」

という名言がありますが、この世のあらゆる事象を理解するための人間の思考の道具が数式だと言えます。ちなみに人の代わりをするコンピューターや人工知能もプログラミングやアルゴリズムという「数式のかたまり」。数式は思考の共通語なんです。

思考を一番簡単に表すと?

とはいえ数式のかたまりはアルゴリズムとか標準偏差とか難しくなります。それより数式をつくりあげる「数式の原子」みたいな超キホンの最小単位から考えるほうが簡単です。では数式の中で最小単位というと?　みなさんご存知、小学生の時に習う、

和・差・積・商＝足し算、引き算、掛け算、割り算です。

いろんな思考法を調べて整理した結果、あらゆる思考法は結局この超かんたんな四則演算の一つに分類できます。

そして、その中で思考としてイケてる・価値のある、

割り算思考

引き算思考

掛け算思考

の3つが、この世に存在する思考法の原点だということにぼくは気づきました。実は和＝足し算思考だけは、かなりザンネンな思考法なのでイケてる思考法からは唯一落選組です。

わたし、数学苦手なんですけど！

という方、どうぞご心配なく。あくまで「数式」に例えて説明していますが、この本では数学も複雑な方程式も一切出てきません。そして世の中にある一見難しそうな思考法とは引き算、掛け算、割り算のどれかと基本的に同じなんだと思うと、だいぶハードルが下がった感じがしませんか？

次のセクションから、割り算・引き算・掛け算のイケてる3つの思考と、ザンネンな足し算思考についてご説明していきます。

イケてる割り算・引き算・掛け算思考

まずはイケてる3つの思考スタイルからご紹介します。

1 割り算思考　ロジカルに情報を整理

まずは割り算。一言で言うと「**情報をスーパーわかりやすく整理する**」思考です。世間でロジカルシンキングと呼ばれている思考法も割り算思考の一種です。その考え方ミーシーじゃないねという一言が、たとえミーシーの意味がわかってなくても相手を批判する殺し文句に使われる。欧米はロジカルに考えるが日本人はロジカルに考えられないという定説が浸透していて、だから私もロジカルシンキングが苦手と考える人は多いようです。

でも、簡単な話なんです。じぶんの周りにある、有象無象《うぞうむぞう》の出来事や事象・情報・意見

3つの、イケてる思考法。

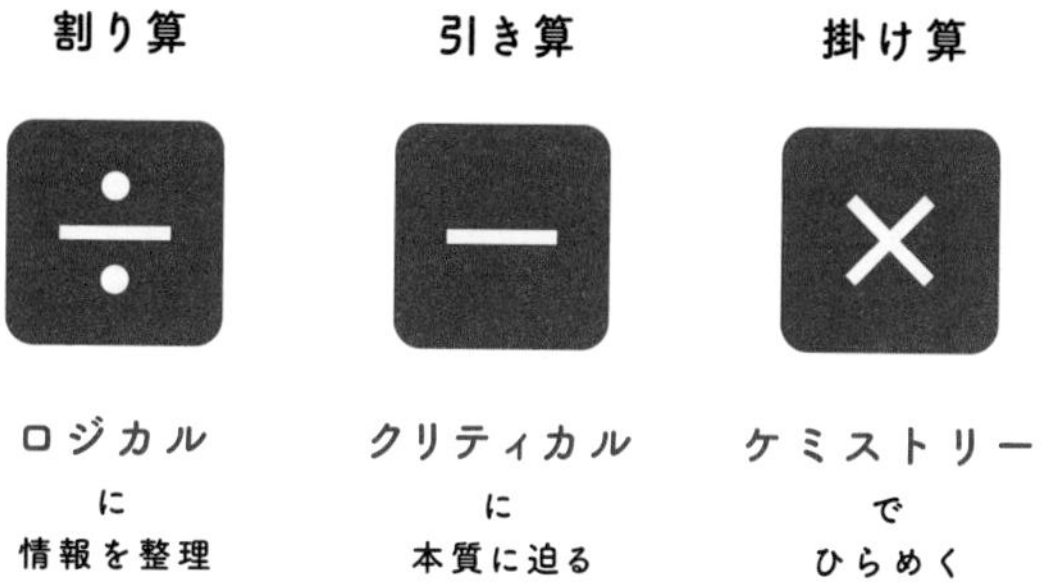

を、とにかく「余りなくピタッと」分類するという考え方です。まるで余りなくピタッと割れる割り算のように。

世の中にある食べ物を、動物・植物・加工物のどれかから取れるものに分けたら、3つに該当しない「余り」を出すことなくバチッと分類できます。

出来事や伝えたいことを起承転結という4構成で整理するとバチッとわかりやすく整理できます。やり方がわかりにくい仕事を計画・準備・実行の3ステップで考えるとバチッと手順が整理できます。

ロジカルシンキングの本や研修になると突然

難しいフレームワークが、これ見よがしに登場します。「ロジックツリーで考えよう」から始まり「SWOT」（強み弱み機会と脅威）」に整理しよう！　プロセス思考で考えましょう！　演繹《えんえき》的に考えよう！　帰納《きのう》的に考えよう！などなどのなんかカッコよく聞こえる専門用語が続々と。とはいえ、これらも特に難しいことを考えようとしているのではなく、ただあふれた情報をその「枠」に余りなく整理分類お片づけするため「だけ」の割り算の方程式にすぎません。

散らかったお部屋をお片づけするのと同じで、あれはこっち、これはそっちとすべて綺麗に整理する作業と同じ。頭の中のとっちらかった情報を整理する、そうすると、じぶんも相手もわかりやすくなる。脳内お片づけの思考が割り算思考です。

2　引き算思考　クリティカルに本質に迫る

次は引き算。本当にダイジなこと、本当にやりたいこと、本当の問題などなど、事象の本質・問題の核心を見つける、カッコいい思考法です。些末で余計なことはバッサバッサと取り除き、**「いったい何がダイジなんでしたっけ」「何が問題なんでしたっけ」をあぶりだ**

す。そんな発言ができたら目からきらーんと星が出そうな、カッコいい思考法です。

「クリティカルシンキング」という思考法は引き算思考の一つですが、いろんなビジネス書を読んでもなかなかうまくまとめている本に出会えない領域。英語の「クリティカル」（批判的）という言葉に引っ張られすぎて、「いったいこの思考のダイジなところは何なのか？」が表現できていない気がします。

「課題はなんだ、簡潔に言いたまえ」。上司の質問に答えたら「それは課題ではない。課題はなんだ」が繰り返される押し問答。「アレがないから問題」「コレができてないから問題」「〜だからできない」とみんなのナイナイ発言で終始する実りのない会議。

こんなふうに「問題」について、上司との会話や会議の中で無限ループ再生されるやりとりを見かけることもあるでしょう。これはムダな要素がまとわりついて思考がうまく機能していない状態。まるで肥満した思考です。

そんな余計なところは切り捨てて、「本当にダイジなこと（本質）はなんでしたっけ？」に照準を定める。それが引き算思考。実は引き算思考は意外と簡単で、本質を見つけるためのの「ものの見方」を知ってるかどうか、実践してるかどうかだけの問題です。

贅肉だらけの思考をやめて、本質だけを見つける引き算思考に切り替える。ストイックで無駄がない、筋肉質なナイスバディを獲得する美ボディ化と同じイメージです。実はデキる人たちの間では、この思考ができることを「セクシー」と呼んだりしています。

まさにナイスバディ!な考え方を手に入れる。セクシーな引き算思考です。

3 掛け算思考　ケミストリーでひらめく

次は、掛け算。小学生の時に覚えた九九、そして筆算で解いた二桁の掛け算など、掛け算の特徴は「何かと何かを掛け合わせると、どうなるか?」を考えること。掛け算思考も同じように**「何かと何かを掛け合わせると、どんな新しいものができるか?」を創造する、**アイデアを生むための思考です。

たくさんのアイデアを考える人って天才！と思っていらっしゃる方は多いと思います。アイデアとは持って生まれた才能だったり、鍛えて磨くセンスだったりする。そんな、アイデアの持ち主を崇《あが》め奉《たてまつ》る空気、感じますよね。

最近では「デザイン・シンキング」「センス・メイキング」というコンセプトが流行っています。デザインシンキングで紹介されている方法をとりあえずやってみて「オレって今、デザインシンキング」と悦に入ってる「～シンキング」の流行に敏感な「自称デザインシンカー」も多い気がしますが。とりあえずホワイトボードを使ってみてご満悦な人はこのタイプ。

これって、ファッションやインテリアにおける、「センスって才能」「センスって流行」信仰と通じるものがあると思います。何かを生み出すアイデアやセンスはじぶんに「ある」か「ない」かや、「流行最先端かどうか」で考えて、じぶんには「ない」「最先端じゃない」と考える人が多いのではないでしょうか。

でもアイデアやセンスは選ばれし者のみが持つ、スピリチュアルの入った霊感的才能でも、セレブ限定最先端ツールでもありません。ファッションもそうですが、アイデアやセンスとは「組み合わせ」の問題。スピリチュアルではなくケミストリー。組み合わせが生む「化学反応」みたいなものです。

アイデアをたくさん生む人はゼロから全く新しい「イチ」を生み出すのではなく、今ある「イチ」と今ある別の「イチ」との全く新しい組み合わせを考える人だと唱えた人がいました（ジェームズ・W・ヤング）。素敵なアイデアを生むのは、ファッションセンスと同じで、新しいケミストリーを生む組み合わせを考えるお作法です。

明日からアイデア上手になれるケミストリー思考。それが第三の思考「掛け算」です。

1-4

足し算思考が残念な理由

最後に、残念な考え方「足し算」思考です。足し算思考とは、一つひとつ積み重ねる。とりあえず積み重ね続ける。英語で表現すると「インクリメンタル」(漸増的)な考え方のことを言います。インクリメンタルな足し算思考が残念なのには、3つの理由があります。

その①原価積み上げ式

原価積み上げ式とは、商品の価格を決める時に、これまでかかった(積み上がった)コストをすべて合計し、利益を上乗せして算出する方法です。

マーケティング的には売る側の努力や都合より、買う側が感じるメリットやお値段意識から決める方法が正解です。でも原価積み上げ方式は、買う側のお値段意識より、とにかくいいもの作ったら売れるはず、がんばったら報われるはずという発想で、**こちら側の努力や都合を相手に押し付ける**ことになります。

作ったら売れる、がんばったら報われる、昔の日本企業がバブル崩壊後に苦労したのはこの原価積み上げ式思考が抜けずにマーケティングで失敗したことが原因の一つと言われています。

がんばったから認めてください、褒めてくださいという相手の都合を考えない思考になりがちなので足し算思考は危険なのです。

その② AND AND AND

「知ってる思考法ですか？ A思考法、B思考法、C思考法…D思考法。あとE、F、G…（知っているだけ名前を挙げる）」

「昨日取引先を訪問しました。部長と話しました。また来週伺うことにしました」

「この新商品は、軽いです。薄いです。カメラもついてます。〜機能もつけました。最近話題の〜もついてます。同業他社と比べて最小最軽量、最多機能を誇る素晴らしい商品です」

3つの発言には共通点があります。いずれも「〜です」そして「〜です」そして「〜です」という文章構成になっていることです。つまり接続詞がすべて「AND」。知ってることや事象を指折り数える考え方です。これは物語やメッセージとして、**人間の心が1ミリもときめかない最悪のパターン**と言われています。みなさんもこのような発言を受けたら、「で?」と聞き返してしまうと思います。足し算的な思考や伝え方は、そもそも人の共感や理解を得るのがすごく難しいです。

その③エンドレス

「願いましては」の計算ではないですが、足し算思考はあれもこれもと積み上げ続けるのでエンドレス。永久に結論が生まれない思考です。

割り算は事象を余りなく整理できたら、それが結論。
引き算は本質を見つけたら、それが結論。
掛け算は素敵な組み合わせを考えたら、それが結論。

ところが足し算は結論がなく「あれも必要なのでは」「こういう点は考えなくていいのか」「誰かがこういうことを言っていた」と**後から後からいろんなことを足し続けてしまい、結論が出にくい**。じぶんも周りも、イライラが募りやすい思考と言えます。

インクリメンタルな足し算思考しかデキない人をぼくは「Mr.・インクリメンタル」と呼んでいます。がんばった分だけ報われると信じる昭和タイプ、周りより少しでも差をつけたい競争主義の平成タイプに多いようです。味方を増やすことが大事になるこれからの時代には適応しづらい思考と言えるでしょう。

3つの思考が生み出すキセキ

この世に存在するあらゆる思考法は、小学校の算数で習った四則演算に凝縮されている。そのうちダイジな思考は割り算・引き算・掛け算の3つ。残念な足し算思考は除外。

思考の「原子」みたいな存在だったんだ、和・差・積・商って。と考えると、「へー、そうだったんだ。わかりやすい」とほっとするし、楽しいわくわくした気持ちになりませんか？ ぼくはこの考えにたどりついた時、自分自身考えが綺麗に整理されて自信を持って説明できる気がしたし、なんだかとてもわくわくしました。

そしてこの考え方をわかりやすく「お作法」にまとめて「はたらく女性のかていきょうし」という、働く人たちへの個人コンサル活動を始めたんです。するとこの思考のお作法から、小さなキセキみたいな効果が生まれることに気づきました。ぼくが「かてきょ」でどのように3つの思考を使うのか、どんなキセキが生まれるのか、簡単にご紹介します。

ステップ①割り算思考が生み出すキセキ～悩みが解体される

ぼくがかてきょで最初に使うのは、だいたい割り算思考です。相談にいらっしゃる「かてきょ女子」「かてきょ男子」のみなさんは、何かしら仕事やキャリアに悩みを抱えていて、頭の中が散らかって考えが整理できていない状態がほとんどです。

ぼくはそういう時はとにかくたっぷり時間を使って、話の聞き役に徹します。かてきょ女子・男子が「私ってトーク番組のゲスト!?」と錯覚するくらい。合いの手入れて笑いも入れて**「楽しく好きにしゃべっていいワールド」**感を演出して話を聞き出します。

そしておもむろに、ぼくの手元にあるiPadに手書きして「こういうこと、ですかね?」と割り算思考の「枠」を使って話を整理した一枚のiPad手書きメモをお見せします。例えば経歴話を「学生時代」「社会人前半」「社会人後半」に整理したり。仕事の悩みを4つの枠に整理したり。

そのiPadを見た瞬間、かてきょ女子・男子は「あ、そうか〜。私の悩みってそうだったんだ！」と目からウロコ状態で驚き感動して、悩みの整理について直感的に理解してもらえます。まるで瞬間的に悩みが解体されたような、割り算思考のキセキの瞬間です。

あれもこれもの足し算思考タイプの人にキセキは起こせません。相談話の最初の15秒くらい聞いたら「それってさ〜、こうやったらいいんじゃない？」とすぐに「解決策」を提示したがります。何も考えずに「解決策＝ソリューション」をご託宣みたいに頭ごなしにどんどん提示されても、相談者は共感できず納得もしません。

なぜなら相談者の求めているのはソリューションよりまず「シンパシー＝共感」だからです。だからまず話を全部聞いて共感関係を築く。そして有象無象の話のピースを割り算思考で整理することで「**わかってくれる**」と相手は感動して話を聞く気持ちになってくれます。お互いの信頼感もぐっと高まります。

かてきょで発見したのは、有象無象の話も全部聞いて共感関係をつくった後に使うと生まれる割り算思考のキセキ。悩みが解体されるし、お互いに考えを共有している味方意識が高まります。

ステップ②引き算思考が生み出すキセキ～スイッチが入る

次に「かてきょ」で使うのは引き算思考。「ダイジなこと」にわくわくかつストイックに迫ります。悩みが解体されたかてきょ女子・男子とのおしゃべりのテーマは「**ところで、そのお仕事って何のためにあるんですか？**」「**あなたの人生のテーマを一言で表すと？**」といった本質にシフトします。ダイジな本質を見つけて、言葉で表すステップです。

「～さんが任された仕事の意義って、まさに社長の～したいという想いの具体化ですね？」
「～さんの人生って、一人の働く女性として社会や職場で居場所を求める『戦い』ですね」

みたいに。なるだけ短いフレーズで、気持ちが前向きになる表現で、本質をキャッチフレーズ化する。

このキャッチフレーズをお伝えした瞬間、かてきょ女子・男子の目力がぐっと上がります。今、心にスイッチが入りましたね？というのが伝わる引き算思考のキセキの瞬間です。彼女彼等がキャッチフレーズを大事にメモして持ち帰り、後日、自ら立ち上げた新事業や新会社の名前に使っていただくという嬉しいお知らせもこれまで数多くありました。

人はじぶんがやることの意味や意義がふにおちると、モチベーションが上がると言われています。引き算思考で見つけた「仕事の意味」「私の人生の意味」のキャッチフレーズは、働く上でダイジな意味・意義として、いつも奮い立たせてくれる効果があるようです。これが引き算思考が起こす**「スイッチが入る」**というキセキです。

足し算思考の人は、そもそもの「意味」を気にしません。あれもこれも思いつくままにできない理由を挙げる。そして、「やっぱ不可能じゃね？」と実現可能性を気にするのがもっぱら。何が可能、何が正解かを求めても、人の気持ちにスイッチは入らないんです。

掛け算思考が生み出すキセキ〜わくわくが起きる

最後は掛け算思考を発動。割り算で悩みを解体、引き算で意味を見つけて心にスイッチ。

そして悩みの解決策やアクションを考えるためアイデアを生み出すステップです。

解決策を考える時、足し算思考の人は「今の正解」のみを強烈に意識します。あれもこれもの中から単純に今これが正解とされている事例を参考にする傾向にあるのです。例えば今売れているものを参考にマーケティングを考える、今主流の思考法やビジネススキルの習得を勧める、今業績の良い業界、会社、職種への就職を勧める、など。

常識的に「こうすべき」という解決策は、大手企業がすでにやっていたり、職場でみんなが実践していることだったりします。結局規模や能力の勝負になって埋没してしまいます。

解決策やアクションを考える時、ぼくが大切にしている必勝法があります。それは「**常識をくつがえす**」こと。常識をくつがえすアイデアを出すため、かてきょ女子・男子の経験やスキルを組み合わせて、周りにやってる人はいない、本人しかできない全く新しい解決策を考えます。掛け算思考の出番です。

「今までボク、雑用的な裏方の仕事ばかりだったので、これといったスキルがないんです」

と相談にいらした、かてきょ男子と見つけたアイデアをご紹介します。彼の職歴を伺うと総務や法務、システム運用など、専門家の多いバックオフィス的な業務を数多く経験されていました。各領域の専門家にはかなわなくても、それほど幅の広いバックオフィス経験を組み合わせたら、「バックオフィス部署をまたがる橋渡し役」という誰もやらないスタイルの仕事ができるんじゃないですか？「究極の雑用係」は実はすごいスキルだと思いますよ。と常識をくつがえすキャリアの方向性をご提案しました。

「それならボクでもできるかも！　わくわくします。やってみます！」

専門家の多い部署同士の橋渡し役を積極的にやるようになった彼は、その後組織をまたがる重要プロジェクトのマネジメントを任されるようになりました。そしてそのスキルを買われて転職し、企画部門で部署をまたがる事業計画立案を担うという華麗なるキャリアアップを果たされました。

かてきょの掛け算思考で考える解決策は、常識人が「うまくいくはずない」と笑って否定しそうなアイデアばかり。でもかてきょ女子・男子がもともと持つスキルや経験の組み合わせなので、本人はいたってその気になるのです。

「そのアイデアなら、できる気がする」

「確かに普通の人はやらない、**じぶんにしかできないことだから、**うまくいく気がする」

とのコメントをいただくことがほとんど。その瞬間、表情に自信とこれからじぶんが起こそうとすることへの興奮がわき出てくるのを感じます。掛け算思考がもたらす、わくわくのキセキの瞬間です。

かてきょ思考で毎日が変わる！

割り算思考は悩みを解体。引き算思考は意味を見つけてスイッチオン、掛け算思考はじぶんならではの常識をくつがえすアイデアでわくわく。3つの思考をフルに使いこなすことで、お互いにその考えがふにおちて、お互いがこの考えを実現したい！とわくわくするキセキが起こるのです。わくわくする考えを共有する、味方同士になれるんです。

そしてその後、さらに小さなキセキが訪れます。その時生まれた考えを、かてきょ女子・男子が行動に移して、ビジネスとして実現させてしまうというケースがすごく多いんです。

あの時のかてきょがきっかけで、独立しました！
あの時のかてきょで生まれたアイデアを会社で提案したら、通っちゃいました！
あの時のかてきょで目標に立てた、海外勤務のチャンスを逃さずゲットしました！
かてきょを10年受けて、大きくキャリアアップできました！
かてきょを10年受けて、リーダーとして組織をここまで成長させました！

1回だけかてきょを受けて、その時描いた想いを実現する方もいれば、長い年月にわたってかてきょを受けて、キャリアを大きく伸ばす方もいらっしゃいます。そんな方々の共通点は2つあります。

かてきょで見つけた考えが「軸」になって、想いや価値観がずっとぶれないこと。
かてきょでの考えを周りに伝えると、賛同して協力してくれる人に巡り会えること。

自分自身が心から納得した考えだから、自信を持ち続けられる。その考えを実現するチャンスを見つける感度が高まる。じぶんのやりたいことを自信を持って発信するから、共感して協力してくれる人が現れる。その結果、じぶんがやりたいことを実現する可能性が高まる。

10年以上続けているかてきょでぼくが目の当たりにしたのは、3つの思考が起こす「**味方を増やしてやりたいことを実現できる**」というキセキの数々でした。

次の章から、この3つの思考のお作法について説明をしていきます。みなさんの想いの発見、想いの実現というキセキに少しでもお役に立てたら嬉しいです。

第2章

割り算思考でピタッと整理

型ができてない者が芝居をすると型なしになる。メチャクチャだ。型がしっかりした奴がオリジナリティを押し出せば型破りになれる。

—— 立川談志

2-1

思考の片づけ上手とは

ロジカルってどういうこと？

割り算思考とは、有象無象の事象をピタッと余りなく整理すること。ロジカルシンキングに似ているとご紹介しました。

ロジカルシンキングという言葉を聞くと、得意げに「ロジカルシンキングは重要」とか「ロジカルシンキング力を鍛えないといけない」と語る上司や先輩が職場にいらっしゃるかと思います。ちょっと想像を膨らませていただきたいのですが。

ロジカルシンキングって、どういうふうに考えるんですか？

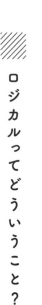

とそのロジシン上司・先輩に質問したら、どんな回答が返ってくるでしょうか？　だいたいちょっとどぎまぎして、

「ロジカルに考えることだよ」
「筋道立てて考えることだよ」
「MECEに考えることだよ」
「フレームワークというツールを使って考えることなんだよ」

とあまりロジカルでない答えが返ってくるパターンが多いと思います。これは知ってることをとりあえず挙げ出すAND AND AND AND ANDな足し算思考的な答え方。ロジカルシンキングをロジカルに答えてません。

ロジカルシンキングについていろんな思考本を読んでも「じゃあ、どう考えたらロジカルなの？」にわかりやすく答えている説明を見たことがありません。「周りよりスゴく賢くなること」が重要だった、実力主義マッチョ主義の時代なら、思考法は小難しいままにしておいたほうが何かと便利だったということも背景にあるのかもしれません。でもじぶん

も相手も納得するためには「どう考えるか」こそをわかりやすく透明化する必要があります。ロジカルシンキングもそうですが、物事をピタッと余りなく整理する割り算思考のお作法とは、どういうふうに考えたらよいのでしょうか？　実はすごくシンプルな定義なんです。

考え方が「型」通りである。

「型」？　そうです。割り算思考には決まった「型」があります。その「型」通りに考えたら、事象はおのずと余りなくピタッと整理できちゃうんです。

ところで「型」って何ですか？という質問が次に浮かんでくると思います。あるものに例えて説明させていただきます。「型がダイジ」「型通りにやれば大丈夫」という言葉を聞くと想像がつくかと思います。茶道、華道、あるいは和歌や狂言など、日本の伝統文化と同じなんです。ここでは茶道に例えて説明させていただきます。

茶道はご存知の通り「型」通りに所作をこなすことで、美味しい茶を点《た》ててもてなし、もてなされることをピタッと美しく行うことを目指しています。実は割り算思考も全く同じ。まるで茶道の「型」のようにその通りにやればピタッと美しく整理することができます。

じゃあ、割り算の「型」って何個あるの？　どんなの？と次の質問がわいてくるかと思います。答えはジャパニーズワビサビのように実にシンプル。**たったの４つです。**

４つの型でうまくいく

え、ロジカルシンキングってなんかたくさん覚えておくことありそうだけど、４つだけ？　そう。４つだけです。それだけ覚えれば必ず割り算思考が可能です。さっそく説明させていただきます。茶道に例えて、

①だんどり

第一の型は「だんどり」です。茶道もまず、茶碗と茶筅《せん》を温める→葉を入れる→別の茶碗にお湯を入れる→茶碗にお湯を注ぐ→茶を点てる→お茶碗の正面を向ける→差し出すといった、点茶のだんどりが決まっています。このだんどり通りやれば、美味しいお茶でも

てなすことができる。それだけ。実にシンプルで美しい型です。

茶道の点茶のお作法と同じように、何かをする、何かを生み出す方法を「工程」に整理する。これが割り算の第一の型「だんどり」です。

② 数式

第二の型は「数式」。美味しいお茶を点てるためにはだんどりと共にもう一つダイジな要素があります。抹茶の量＝グラム、お湯の量＝ｃｃ、お湯の温度＝℃といった、美味しいお茶のための方程式です。美味しいお茶は、茶葉＋お湯の量×お湯の温度で決まる！とバシッと数式化できたらカッコいいですよね。

美味しいお茶の方程式のように、理想的なクオリティや成果を出す条件を、数字で測れるものに分解する。これが割り算の第二の型「数式」です。

③ 2軸

第三の型は「2軸」。聞き慣れない言葉ですが、グラフみたいに縦軸横軸を引いた2軸の図を想像してください。茶道は流派によってダイジにする「軸」が異なります。

伝統を重んじるか時代にあわせた革新性を重視するか、誰でもウェルカムなオープンスタイルか、認められた者だけで厳《おごそ》かに行うクローズドスタイルかなどの「軸」です。このようなダイジとする「軸」を縦軸・横軸に置くと、いろんな「派」の立ち位置の違いがパッと見で整理できます。

縦横2本の軸を用いて、「〜派」のようなグループ・集まりについて、複雑な立ち位置の違いを浮き彫りにする。割り算の第三の型「2軸」です。

④関係図

最後の第四の型は「関係図」。茶道はもてなす側、もてなされる側にそれぞれ役割があります。それぞれの役割がやるべきことや、役割同士の関係にバチッと整理すると、茶会全体の進め方や気をつけることも自ずと見えてくるもの。関係図とはテレビドラマや漫画の解説でよく見かける「登場人物関係図」のようなイメージです。

え、あの関係図も思考の一つなの？　はい関係図とは、全体を見渡して関係者間の利害関係を把握し打つべき一手が自然と見える立派な割り算思考の型なのです。

ぼくもいろんな思考法を勉強しましたが、答えはクールジャパンな日本の茶道でシンプルに美しく整理されるように、事象の整理は結局４つの「型」に集約されます。これだけ身につけたら、いいんです。

次のセクションからは４つの型を身につけるステップに入ります。「４つの型を身につける」ってカンフー映画で奥義を身につける修行みたいでつい身構えちゃいそうですが「**え、そういうことだったんだ！**」と目からウロコで楽しんでいただけると思います。ぜひわくわくしながら次のページに進んでみてください。

2-2

第一の型「だんどり」

勝ち負けにはもちろんこだわるんですが、大切なのは過程です。
結果だけならジャンケンでいい。

——羽生善治

じぶんのタスクを整理する

世の中の事象をだんどりで割り算。何かをつくる、何かを実現するといった作業やお仕事をピタッと整理する時に使う型なのじゃ。

なぜか口調が師匠風になってしまいましたが、職場だとよく「タスク」という言葉で表現しているものを扱うときに役立ちます。より細かく分解して「〜せよとざっくりおっしゃいますが、いったいどうやってやるんですか？」という問いに答えて整理していく時に使える思考のお作法です。

と、言われると難しく感じるかもしれません。でも実はみなさん子供の頃から自然と身についてるお作法です。次の質問について、考えてみてください。

ホットケーキって、どうやって作るの？

割り算思考がデキない人、足し算思考な人は「そして、そして、そして…」と指折り数える考え方で答えます。ホットケーキの粉と卵と砂糖と牛乳とを揃えて、次に卵を割って黄身だけ取り出して、ホットケーキの粉に水少々、そして卵と牛乳を入れて、そして…長くなるので以下省略します。

割り算思考がデキる人は、数秒でわかりやすいシンプルな「だんどり」を教えてくれます。

だんどり化とは、ステップ化。

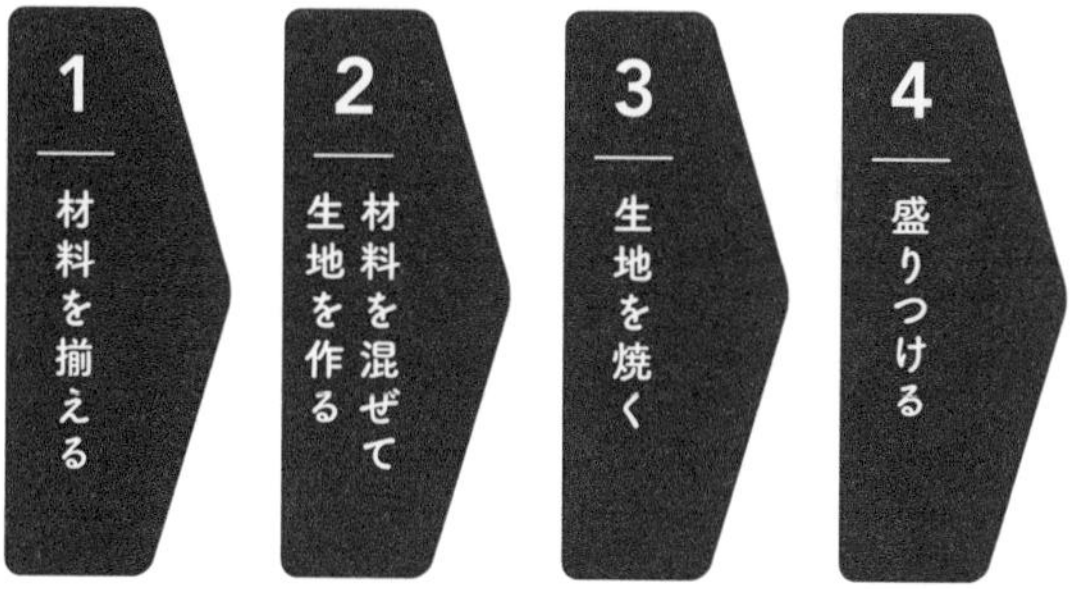

1　材料を揃える
2　材料を混ぜて生地を作る
3　生地を焼く
4　盛りつける

以上。

いったいいつになったら終わるのか聞いていて眠くなる足し算思考的回答と比べて、気持ちいいくらいわかりやすいだんどりです。たった4つのステップでスッキリ整理できています。

実はこのだんどりの型を身につけるには一つだけ秘訣があって、それが足し算思考と雲泥の差を生んでいます。

そもそもだんどりって何？

だんどりとは、大まかなステップでお仕事・作業の仕方を整理するものですが、各ステップ間の関係が常に「材料」関係になっていることです。具体的に言うと、

①前のステップでできたモノを材料にする（例　揃えたホットケーキの材料を使う）
②次のステップでその材料を成長させる（例　材料を混ぜて生地にする）
③そして次のステップの材料にする（例　生地を材料にして焼く）

各ステップは材料を成長させる単位。ステップとステップは材料でつながっている。この だんどりの秘訣の最も良い例が、「お料理」。ホットケーキもそうですが、お料理って、

①準備（材料が揃う）
②仕込み（準備した材料から、仕込みに進化）
③調理（仕込みを材料にして、火にかけたり漬けたりして、お料理に進化）

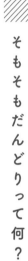

④盛りつけ（お料理を材料にして、お皿に綺麗に盛りつけたら完成品に進化）

と、それぞれのステップで材料が進化していきますよね。誰もがお料理で自然にできていることが、お仕事になるとなかなかできなくなる。ビジネスにお料理上手の発想が取り込まれていないのが残念でなりません。

だんどりの型は、仕事の進め方をプランニングしたり、仕事をもっと効率化するための分析に役立つ型です。

プランニングとは例えば、いついつまでに新しいことを成し遂げるタイプのお仕事（プロジェクト）や、いついつまでに新しい何々をやってくださいという仕事の依頼（タスク）をどう進めていくかのだんどりを考えることです。ちょっと難しい言葉だとタスク・プランニングと呼ばれています。

効率化の分析とは、商品・サービスの生産や発注、毎日・毎週・毎月といった決まったタイミングで繰り返し行う、やり方の決まった仕事（定型業務）をもっと効率的にするために、だんどりに整理して分析することです。こちらはプロセス分析とかプロセスフロー思考と呼ばれたりしています。

コンペで目覚めた！営業かてきょ女子

このだんどりの型を使って会社に一目置かれる存在になった、営業女子の事例をご紹介しましょう。

営業職として働いていた女性が、大手クライアントにある案件のコンペに参加してほしいと依頼を受けました。クライアントに案件の内容を聞くと、今まで営業してきたサービス内容とは異なりかなりハイレベル。なんとクライアントの業務そのものを外出しして引き受ける、アウトソーシングという案件のコンペでした。

彼女の会社には、他の部署の部長やエース級社員、役員も参画する大型提案チームができ上がり、提案のディスカッションと準備が進められました。でもなんだか会社のみんなが提案しようとしていることって違うと思う、と違和感を覚えた彼女がはたらく女性のかていきょうしに相談にいらっしゃいました。

で、どんなことを提案しようとしてるんですか？ 会社は。

「なんか、ウチの会社はこういうことができますという、これまでの事例とかばっかり。それもウチの会社がやってる事業の目線で事例を集めてるから、クライアントの悩みに応えてる気がしないんです…」

なるほど、あれができるこれができる的事例集めに頼るのは、足し算思考ですね。ちょっとイケてないですね。ところでクライアントはなぜその業務をアウトソースしたいんですか？ クライアントにとってその業務ってどんな位置づけなんですか？

「？？？ 考えたことなかったです！」

そもそもクライアントってどんなだんどりで仕事してるか、整理してみませんか？と彼女に整理していただいたクライアントのだんどりは次の通りでした。

①ブランディング内容を固める
②製品を企画開発する
③製品を生産する
④販促品を作って販売店に展開する
⑤販売店で製品を販売する
⑥販売店から顧客へのアフターサービスをする

このクライアントはブランドとして人気が高い、大型耐久商品のメーカーでした。このだんどりを見てぼくは、

ひょっとして、クライアントはブランディングとプロダクトの企画生産に集中したくて、販促やアフターサービスはなるだけ社外のどこかに外注したいんじゃないですか？

しかもブランドイメージを下げるようなクオリティの低い販促やサービスは論外なので、ブランドイメージ向上も含めて安心して任せられる会社を探しているのでは？

と自然と浮かんだ質問をしてみたら、彼女がびっくりした表情で、

「そう！　おんなじことをクライアントの担当がおっしゃってました！　こうしてクライアントのだんどりを整理してみると、今回は④と⑥のステップを安心して外出ししたいのですよね。弊社ならこんなことができるので安心してお任せくださいと提案すべきですね！　私、勇気を出してウチの会社に言ってみます！」

行動力がある彼女は翌週さっそく会社に話をしたところ、さすが会社の取締役や部長は彼女の話がふにおちて彼女の意見に味方してくれたそうです。そこで提案方針を大転換してコンペに臨みました。

コンペの結果ですか？　情報セキュリティのこともあるので、彼女とぼくの秘密にさせてください。でも、彼女がこのことをきっかけに会社とクライアントの両方で、一目置かれる存在になったのは確かです。**だんどりの型は仕事を高い目線で整理できる**ので、偉い人やクライアントが納得する効果が高い型なんです。

2-3

第二の型「数式」

「食材×調味料＝味」この方程式まちがってますよね。
この料理には愛情がいっぱい入ってますね。
――ドラマ『dinner』より

成功要因をあぶりだす

第二の型、数式に入ります。数字、数学に苦手意識のある方には何とも近寄りたくない名称かもしれません。が、標準偏差もアルゴリズムもビッグデータも登場しませんのでご安心ください。この型はたった一つの基本的な質問から始まります。

それって、何と何でできているの？

この問いを足し算・掛け算・引き算・割り算程度の簡単な数式に整理するお作法です。ちょっと小難しい言葉を使うと「要素分解」とか、カッコつけて英訳して「ファクター」と表現します。職場で「あの企業の成功要素は〜です」みたいな発言を耳にしたことがあるかと思います。アレをみんなが納得するように考えるのが、この型です。

そして、この型には必ず守るべきオキテが一つだけあります。それは、

必ず、数字に測れるもので数式化すること。なので「〜力」を使ってはならない。これ、重要です。

人より優れたいマッチョ思考の人たちはマッチョだけに「〜力」という表現がお好きなようです。数字で測れない「〜力」を多用しているのを見かけます。先ほどの「企業の成功要素は〜です」の場合に、「営業力とブランド力、あとゲンバ力に問題解決能力です」などと自信満々に語るシーンによく出くわします。これはやってはいけない。「その〜力って何ですか？」って聞かれると何も説明ができません。ふわっと表面的な分析しかできていない証拠です。

本当にデキる人は「顧客のリピート率」とか「ブランド別価格帯の高さ」とか表現します。ゲンバ力、問題解決力に至ってはいったいそれは何キログラム重ですか？と突っ込みたくなるくらい分析ができていない時に使うパターン。「他社と比べてゲンバに意思決定を任せている事項が〜%多い」と考えます。こういうカッコよくてふにおちる要素分解をするのが、正しい数式の型です。

最初にウォーミングアップしましょう。次の問題について考えてみてください。

数字の12は、何と何でできている？ 数式（□＋□または□−□または□×□または□÷□）で答えてください。

1＋11、112−100、4×3、24÷2…いっぱい出てくると思います。数字だとやりやすいですよね。それでは、次です。これも数字で測れるもので数式化してください。

恋愛経験＝？（□＋□または□−□または□×□または□÷□）

数式で、自由自在。

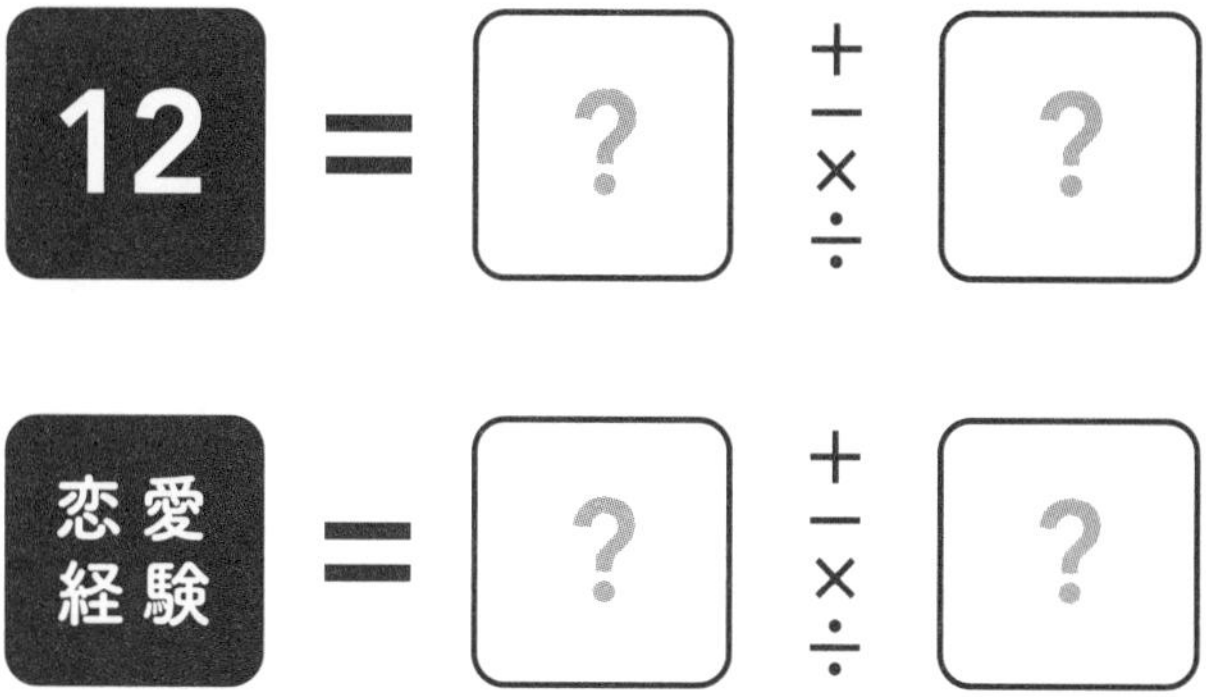

ぼくは思考法関係のセミナーでよくこの問題を出しますが、ぼくのお作法を気に入っていただいた方々は、数式の型を自然にマスターするみたいで、毎回すごくカッコいい数式を考えていただきます。

例えば、こんな回答です。

恋愛経験＝別れた数×その時泣いた涙の量

思わず「お見事、参りました」と言ってしまいそうな素敵な数式。数式化って「**数字で表すオキテ**」さえ守れば、あとは自由なんだ。その極意に気づいたら、この型を自在に操ることができます。

「数式」で問題のありかを探る

ではこの数式の型、お仕事での使い道は？ 構成要素でピタッと整理すると「問題のありか」が浮かび上がってきます。いったいどこに問題があるのか？ 何を改善すべきか・何にがんばるべきかを探す時に使う型です。

例えば**「わが社は何とか売上を伸ばしたい」**という相談を受けたとします。で、どうやって？と自然と思いますよね。こういう（売上を伸ばすために）のように〜をどうにかするためには？といったテーマを考える時が、問題のありかを探す数式の型の出番です。

そこで練習です。売上（金額）は何と何でできているか。数式で考えてみましょう。

売上 ＝ 単価 × 数量

ですね。他にも「コスト ＋ 利益」とか「前期末在庫高 ＋ 今期仕入れ額 − 今期末在庫高」

というひねった数式もありますが、ここではシンプルな「単価×数量」を使ってみます。この数式化ができると、こういうカッコよい質問ができます。

社長、売上とは「**単価**×**数量**」ですが、売上を伸ばす方法は、単価を上げるか数量を増やすかのどちらかです。どちらをお考えですか？

なるほど、数量を増やすをお選びですね。「**数量**＝**顧客数**×**顧客あたり販売数**」の数式に分解できますが、どちらを増やしますか？

なるほど、顧客あたり販売数の増加ですね。顧客あたり販売数は「**1回あたりの販売数**×**購入頻度**」の数式になりますが、どちらを伸ばしましょう？

なるほど、購入頻度ですね。それでは営業活動などで顧客と当社が接する機会を増やしたり、1年間の購入回数が増えると割引やポイントを付与したりする方法が考えられますね。

どうでしょう？　勘や思いつきや経験則、あるいは「とにかくコレが成功要素だ」とゴリ押しされるだけでは、じぶんも相手も本当は納得できていません。でも数式化すると「**確かにココが問題だね、改善すべきだね**」とじぶんも相手もなんとなく納得しますよね。コレが数式の型の効果です。

働き方改革を始めた！主任かてきょ女子

ここで数式の型を使って仕事の課題を解決した、ある女性の事例を紹介させてください。彼女は会社の仕事がじぶんにたくさん回ってきていつも忙しくて、帰りがいつも遅くなる。そして気持ちがどうしてもギスギスして周りに対する態度もついついきつくなりがち。

「**そんなじぶんがイヤになるんです。この忙しさをどうにかしたいんです**」

彼女がはたらく女性のかていきょうしを受けた時のご相談内容です。「どうにかしたい」むむむ。数式の型の出番だ！と思ったぼくは、彼女にこんな質問をしてみました。

ところで、忙しいって仕事の量がキャパより多いってことですよね？**その仕事の量って**

数式化できませんか？「忙しい」を数式化したいんです。

「？？？え、何時間とかそういうことですか？」

例えばこういう数式です。

忙しい（仕事の量）＝必要な仕事＋不要な仕事

「おもしろい（笑）。私、実は『このチェック作業、前のステップで他の人が同じことやってるんだけど。いる？』と思ってる作業があるんです。今度上司に相談します！　それでだいぶ仕事の量は減りそうだけど、まだ忙しいです」

それではさらに数式化しますね。

必要な仕事＝じぶんがやるべき仕事＋他人がやってもいい仕事

「あ！ 私、本当は他の人に振りたい仕事があるんです！ もし他の人にやってもらえたらすごく楽になります！ でも、まだじぶんがやるべき仕事だけでも忙しいです」

それではさらに数式化します。

じぶんがやるべき仕事＝今やるべき仕事＋明日以降でもいい仕事

だとどうでしょう？

「そっか、じぶんに回ってきた仕事はとにかく今日中に対応してました。これからは相手に納期を確認することにします！ だいぶ忙しいが解消されましたが、もっと数式化してもらえますか？」

もちろんです♪

今やるべき仕事＝効率（を高める）×品質（を落とす）

「忙しい」を数式化すると？

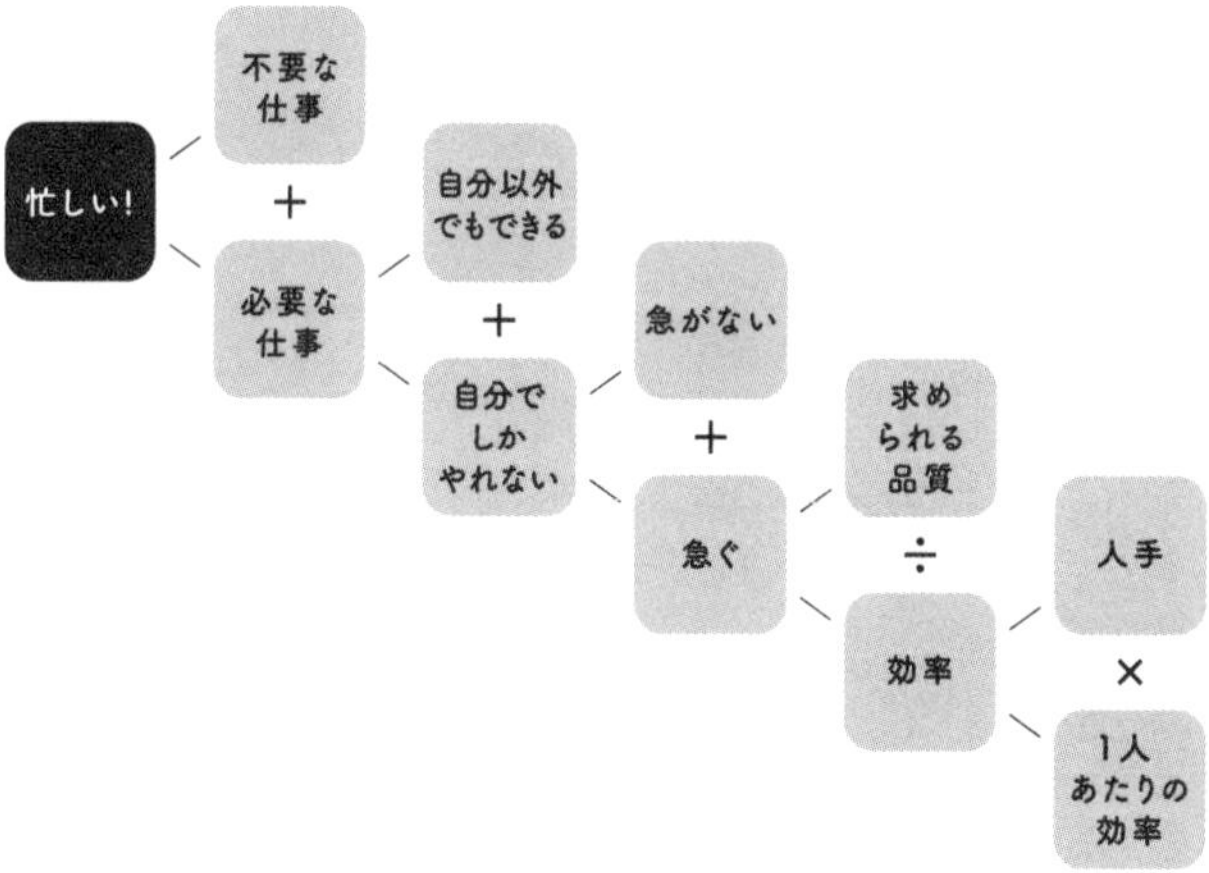

「あ、エクセルの数式をもっとよくしたら効率高まるかも。あと、綺麗に印刷して提出してた資料を、ファイルで送るとか、共有フォルダに保存するでもOKにしたら今やるべき仕事がもっと早くできます」

こういうのが本当の「働き方改革」なんですね！と彼女は「忙しい」を数式化して発見した問題のありかを、会社に説明して納得してもらい、残業時間を削減しました。

みんなが納得できてしまう問題のありかの発見に有効な数式の型。彼女は見事、免許皆伝です。

第三の型「2軸」

マトリックスはあらゆる所にある。私たちを取り囲むすべてだ。
――モーフィアス（映画『マトリックス』より）

「対」や「反対」でタイプ分け

世の中のすべてを2本の軸に分けて候。字余り。

あらゆる事象を2軸でタイプ分けする。第三の型「2軸」は野心的な型でございます。専門的な用語を使うと「マトリクス」と呼ぶこともあるお作法です。このワード、あの映画のタイトルと同じなので、なんだかサングラスに黒コート姿に変身して何でもできそうな

2軸で、事象をスッキリ整理。

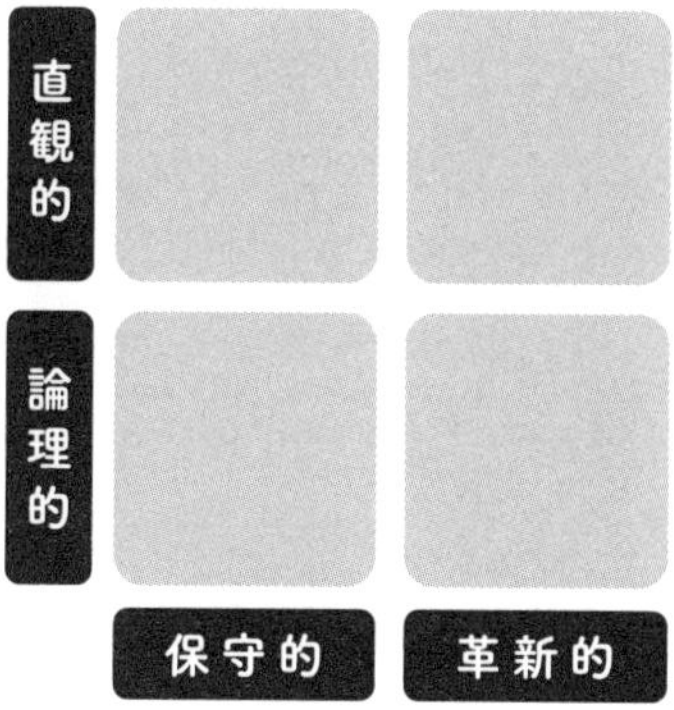

気分になりますね。

2軸もマトリクス（格子の意味）も、直角に交わる2本の線を引いたらできる4つの升目に分類をするお作法です。ちなみに4つの升目を「4象限」と呼んだりします。

マトリクスといい4象限といい、ネーミングがイチイチカッコいいお作法です。実は経済学や経営論で使われるフレームワークの多くは、この2軸の型を使っています。

有名どころでいうとSWOT、アンゾフのフレームワーク、マイケル・ポーターの「コストリーダーシップ・差別化・集中」などなど。野中郁次郎先生のSECI理論もそうですね。

きらりんと学者がひらめく時は結構2軸の型を使っていると思われます。

一言で言うと、2軸の型はそれくらいカッコいい型なのです。ビジネスの現場でも議論の際にホワイトボードに即興で2軸を書いて整理できるとカッコいいので、よくマーカーを手に取り挑む人を見かけます。が、上手に整理できた人をあまり見たことがありません。知っていることを積み上げる足し算思考な人の限界を超えている考え方だからです。

2軸の型がデキる人、デキない人の違いは簡単で、軸設定の極意を知っているか、知らないか。だけです。しかもその極意とは、実はとてもシンプルなんです。それは、

陰陽。

映画『マトリックス』の世界観も「陰陽」でした。東洋思想の代表の一つですが、簡単に言うと**「対になるもの」「反対のもの」を考える**。ということです。

軸は、対。

コスパ	⟷	クオリティ
伝統	⟷	革新
クローズド	⟷	オープン
オトコ	⟷	オンナ
シニア	⟷	若い
消費	⟷	体験
地方	⟷	都会
ネット	⟷	リアル

特徴と攻略法を分析する

例えば「コスパ」の対になるものは「クオリティ」。実はコスパ軸とクオリティ軸の2軸の型は、マーケティングの現場で使われる有名なフレームワークです。2つの対を2軸に用いるパターンもあります。

例えば伝統の対になるものは革新。クローズドの対はオープン。この「伝統・革新」の軸と、「クローズド・オープン」の軸を使った2軸の型は、茶道の流派や、SNSやコミュニティなどいろんな組織のスタンスをタイプ分けするのに使います。

いきなりビジネスでの使用例をご紹介しましたが、実はみなさんはすでにこのカッコいい2軸の型をマスターしているんです。青春時代に。一度身につけた奥義を思い出していないだけです。学生の頃、よく友だち同士で好みの恋愛対象をタイプ分けしてませんでしたか？

性格重視の軸と、外見重視の軸。この2軸で整理したら、私は性格重視派？外見重視派？どっちも欲張り派？それともダメ男がタイプ？みたいに分類ができると思います。あるいは、2つの対を2軸に使って、「お兄さん・弟キャラ（お姉さん・妹キャラ）好き」の軸と、「肉食系・草食系好き」の軸の2軸を用いると、

お兄（姉）さんキャラ×肉食→グイグイ系
お兄（姉）さんキャラ×草食→いい人系
弟（妹）キャラ×肉食→カマってちゃん
弟（妹）キャラ×草食→癒やし系

私は何派？あなたは何派？みたいに盛り上がった経験があるかと思います。「対になるもの」を軸に設定する陰陽の極意は、実はこの要領で楽しく考えることなんです。

あなたの好みはどのタイプ？

そしてこの2軸の型の醍醐味は、整理した4つのタイプについて**それぞれの「特徴」と「攻略法」を考えること。**恋愛話と同じです。

さらに恋愛話同様、2軸の型にはもう一つ深い醍醐味があります。

それは誰も好みじゃないタイプを見つけたら、あえて競争相手の少ないそのタイプをじぶんの得意なタイプにしちゃうという「**ホワイトスペース狙い作戦**」を考えることです。

タイプの特徴・攻略法分析と、競争相手の少ないホワイトスペース狙いは、実はマーケティングの鉄則。2軸の型は優れたマーケターやコンサルタントが得意とする型なんです。

参加者倍増を実現した！ＮＰＯかてきょ女子

この2軸の型を使って、マーケティング作戦を大成功させたかてきょ女子のお話をご紹介します。グローバルに展開するＮＰＯに勤める彼女は、一般の人たちが参加する寄付キャンペーンの企画を担当していました。毎年寄付総額が伸びているけど、欧米と比べて寄付の習慣が浸透していない日本では他国と比べて規模が小さい。

今年はもっともっと、寄付金額を伸ばしたいんです。と切り出した彼女にまず一般の人たちの参加について伺いました。この企画は単純に寄付をするだけでなく一般の人がイベントを実施してその参加費を寄付に回したり、アイスバケットチャレンジみたいに何か「**チャレンジ**」をしてその応援として寄付を募ったり、「**プロボノ**」と言われるコンサルやデザインやコンサートやセミナーなどをじぶんはノーギャラで提供し料金を寄付するといった「**アクション**」を起こして、たくさんの人を巻き込む参加型のイベントだとわかりました。

でも、日本では欧米と比べると自らアクションを起こして寄付を募るみたいな習慣が定着していないので、協力したい人はたくさんいるけど、実際何をしていいのかわからなくて盛り上がりに欠けるのが課題なんです。と彼女は分析。そこで参加型寄付アクションが浸透していない日本でも「何をやったらいいのか」が一瞬でわかる、誰でも行動を起こしやすい工夫を一緒に考えることになりました。

参加型アクションってどんなものがあるのか、彼女の話をたくさん聞いて、アクションは2軸でタイプ分けできるなと気づき、こんな軸を引いてみました。

軸1：人数の軸。アクションは一人でやるか・大勢でやるか軸
軸2：方法の軸。じぶんたちに応援してもらう形で寄付を募るか、じぶんのスキルをプロボノ（ノーギャラ）で提供するか

その結果、4象限でこのようなアクションのタイプが見つかりました。

①一人×応援→一人でチャレンジタイプ。アイスバケットチャレンジみたいに、普段やらないチャレンジを動画等で公開して応援してもらう形で寄付を募るアクション

②大勢×応援↓みんなでチャレンジタイプ。チャリティパーティーみたいに大勢で集まってチャレンジやイベントを行って応援者・参加者から寄付を募るアクション

③一人×プロボノ↓スキル提供タイプ。何かを教える、コンサルするなど得意なスキルを提供してその料金を寄付に回すアクション

④大勢×プロボノ↓セミナーイベントタイプ。有名講師によるセミナー、講演会、コンサートなどを行い、参加者が払う参加料を寄付に回すアクション

アクションにはこの4パターンがあります。あなたにはどれがあってますか?というワークショップをやると、意欲のある人たちはすぐじぶんにあったアクションを見つけられると思いますよ。とお伝えすると、

「タブさん、すごいです! ぜひこれでイベントの企画をまとめてみます!」

とすぐに行動に移していただきました。その結果は、なんと参加者の数と参加者によるアク

参加の仕方を4つのタイプで提案。

ション数が増大。そして寄付総額が昨年から一桁増えるほどの大幅アップ。日本のチャリティ界でも大規模と言える金額が集まるキャンペーンとなりました。

2軸の型で整理された選択肢は説得力が抜群です。**じぶんも理解しやすいし、周りもそして大勢の人たちが味方になる可能性がぐんと高くなる**。今回の事例を振り返ると、2軸の型がマーケティングの世界で愛用される理由がよくわかります。

たった2本の線で、すべてを4象限にタイプ分け。たったそれだけで、映画『マトリックス』みたいに魔法的効果を生む第三の型、「2軸」。ぜひ実践してみてください。

第四の型「関係図」

これまでは無関係と思われていたものの間に関係があることを発見することが、美的直観である。

――アンリ・ポアンカレ

みんなのニーズを整理する

最後の第四の型は、実は一番高度かもしれない「関係図」です。え、関係図って簡単そうだけど、何がそんなに高度なの?と思われるかもしれません。でも何かと何かを結びつけることは、人間の考えるという作業で最も高度な「ひらめき」の現象なのです。フランスの数学者ポアンカレの名言は、そのことをお洒落に表現しています。

ひらめきは関係図から生まれる？

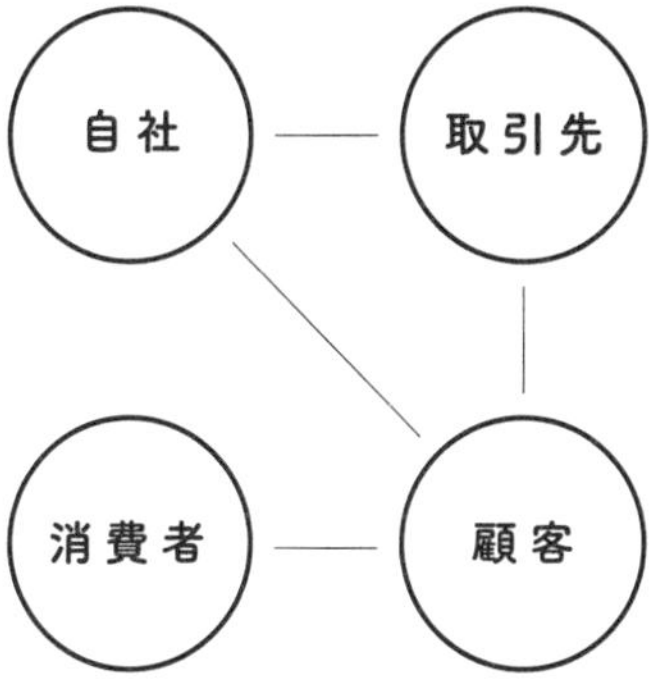

脳の中は、脳神経同士がつながって脳が活発に動きます。そのつながりを「シナプス」と呼びますが、脳の中自体が、シナプスでつながる「関係」で成り立っています。

また最近流行の新しい価値を生み出すビジネスモデル「**プラットフォーム**」という考え方は、人や組織同士をつなげた関係図「ネットワーク」を前提に生まれています。ひらめきは関係図から生まれると言っても過言ではありません。関係図、おそるべし。

そのため関係図の型は今までにない新しいことを考える時に重宝します。プラットフォームというビジネスモデルに加えて、新規事業や新しい製品・サービスの企画、他社とのコラボレーションや事業提携、会社の仕組みの見直しなどが関係図の型が活躍する場面です。関係図の型がこのような時に威力を発揮するのには、3つの理由があります。

①相手は誰？を確認できる

まず関係図の型の基本中の基本。新しいビジネスにおける顧客って誰？ コラボする候補となる会社はどこ？ 会社の仕組みってどんな組織で成り立ってるの？ 今回考えるべきテーマで相手となる人たち、「登場人物」は誰なのかを、じぶんも周りもみんな同じように整理できるからです。専門用語を使うと「プレーヤー」とか「ステークホルダー」というカタカナで表現します。なんだか作戦会議みたいでわくわくしてきますよね。

②相手目線に立てる

2つ目の理由は「相手の想い」を整理できることです。登場人物について、その人たちって…、と相手目線に立って考える。何を目指してるんだろう、何に悩んでるんだろう、何を求めてるんだろう？ 相手の想いや課題、ニーズや期待値に思いを巡らすことができます。相手のことも、じぶんのこともわかったら100戦100勝。大昔の戦略家が残した名言ですが、仕事にもプライベートにも通じることだと思います。

会社を関係図に整理すると？

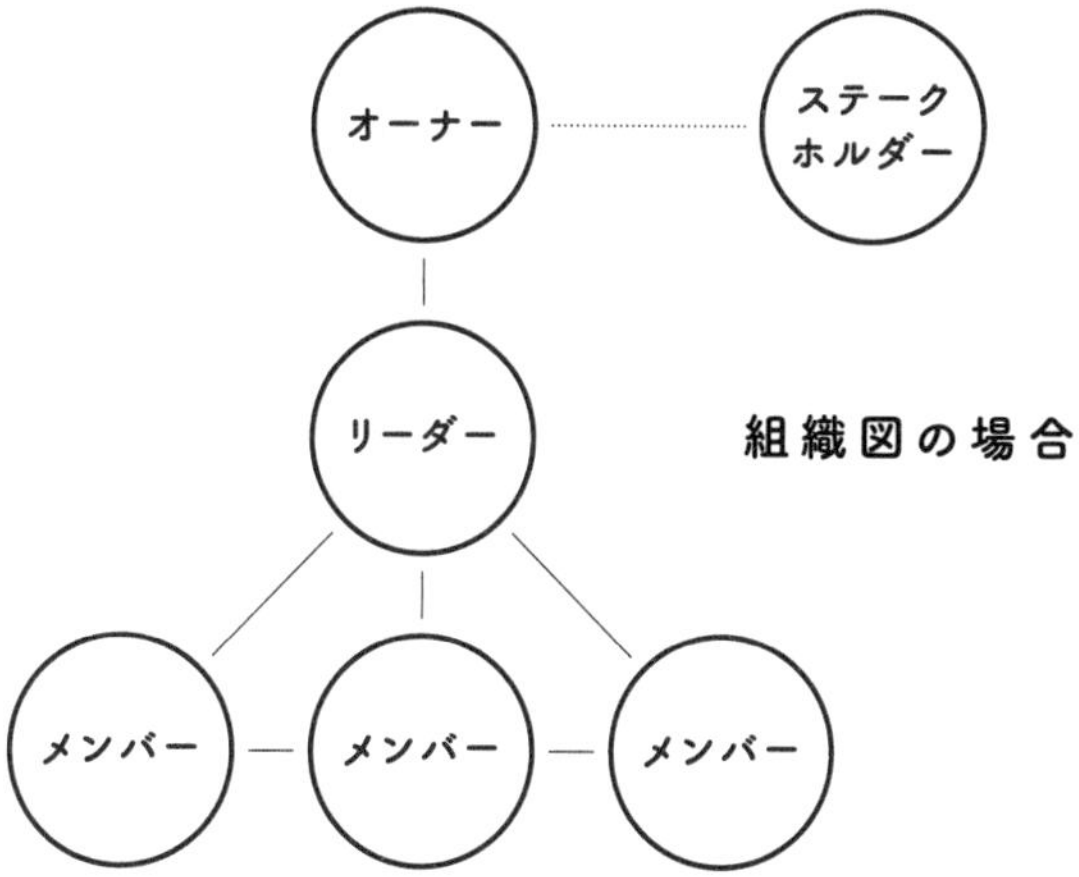

③ 矢印で関係が引ける

そして3つ目の理由は、関係図の型の極意とも言える「矢印」がもたらす効果です。それは登場人物たちの間にそれぞれ一方向の矢印を引いて、こちらからあちらには何を提供するのか、あちらからこちらには何を返すのかを考えること。相手にとって「何かいいこと」（価値と言います）のやりとりという関係を整理することです。

わが社から顧客に何を提供するのか、顧客はわが社にどんなことを返してくれるのかと関係を具体的につなげることで、新しいひらめきがスパークします。

ところが実際の職場ではこの関係図を上手に

描ける人は、第三の型「2軸」と比べてもさらに少ないと思います。職場で見かける残念な関係図はだいたい次のようなパターンです。

①そもそも、関係図を書かない

まず、関係図を書くことがそもそもないという残念なパターン。顧客やコラボ先を思いつきや相手からの声がけだけで考えるので、登場人物について考えを整理することができないという最初からつまずくパターンです。

②登場人物しか書けない

関係図に整理しようと思い立つのですが、大半は関係する人物や組織の名前を書くだけ。その登場人物が何を期待しているのか、何に困っているのかには気が回らず相手目線で考えない。結局じぶん目線の「わが社の強みを活かす」とか、ただ漠然と「顧客層の満足度を高める」といった考えしか思いつかず、ひらめきが生まれません。

③関係が意味不明

関係図でよく見るパターンですが、とりあえず登場人物同士を線でつなげているだけ。あるいは「上司と部下」「顧客とサプライヤー」的な立場の関係しか書けない。がんばっても「価値の提供」とか「相互協力」みたいな、「それって相手にどんないいことがあるの？」と突っ込みたくなる漠然とした謎の関係が書かれるだけ。何のひらめきも生まない図になってしまうパターンです。

相手への関心が明暗を分ける!?

むむむ。関係図って奥が深くてムズカシそう。と尻込みしちゃいそうですが、本当はたった一つのある簡単なことを気にかけていれば、すぐに使える型なんです。たぶん日本の職場の固定観念（マインドセットと呼んだりします）に縛られちゃうと、このたった一つのことを忘れてしまいがちになるんだと思います。それは、

「相手への関心」

ぼくはずっと外資系企業で働いてきて、海外での仕事も経験させてもらったから思うことがあります。

好きなドラマの関係図は、スラスラ書ける。

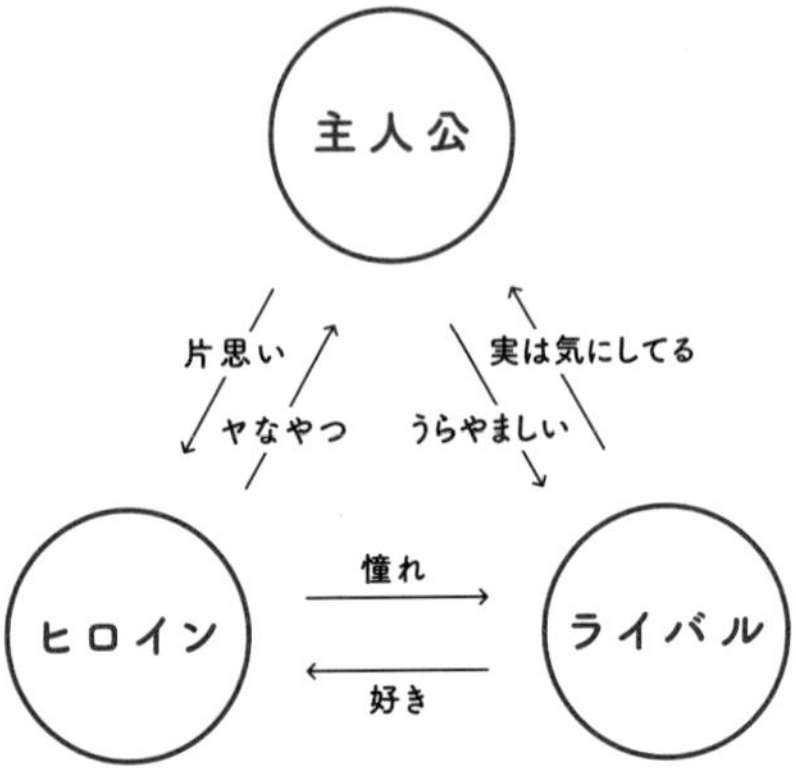

なぜか日本の職場で働いていると、じぶんの目線でじぶんの都合を優先する傾向に陥りがちなんです。相手への関心や考えが希薄になって関係図が書けなくなる。

でも、ちょっと想像していただきたいのですが、じぶんの好きな映画やドラマや小説、あるいはゲームについて、登場人物の関係図を書いてみてくださいと言われたらどうでしょう？

きっと登場人物も、一人ひとりの想いも、矢印つきの価値のやりとりという関係もすらすら書けちゃうと思いませんか？

それは対象への関心が強いからだと思います。仕事でも相手への関心さえ持てば、自然とすらすら書けちゃう。それが関係図の極意です。なんだか本当に茶道の「もてなしの精神」みたいですね。

ビジネスモデルが見えた！起業男子

新しいひらめきを見つけるための「関係図」の型の使い方は、ぼくより若い世代のある起業家から教えていただきました。ある時、全く新しい事業を始めた彼が、ぼくに切り出したセリフは今でも覚えています。

「タブさん。ボク、ビジネスモデルがわかっちゃいました。結局、三角関係なんですよ」

？と要領がつかめないぼく。ビジネスモデルとは事業の仕組みのことを言いますが、「三角関係」という言葉とつながりません。そんなぼくに彼はこう続けました。

「ボク、これまでと全然違う一流アーティストのファンクラブを運営するビジネスを立ち上げたんです。ファンクラブって、アーティストとファンをつなげる第三者でしょ？アーティストはメディアとか事務所とかを飛び越えてダイレクトにファンとつながりたい。ファンはアーティストの生のメッセージを受け取りたい。この両者のニーズをつなげてあげるのが、ファンクラブ。**結局どんな事業でも、ビジネスモデルってAとBのニーズを見つけて、ぼくらがCになってつなげてあげるということだ**って気づいたんです」

なるほど！　例えばGoogleやFacebookはフリーのWEBサービスやSNSを使いたいユーザーと、ターゲット顧客に確実に届く広告で収益を上げたい企業をつなげている。これは以前の広告業にも共通するビジネスモデルです。Amazonや Uberやエアビーはサービスの提供者と利用者をつなげている。これは生産者と消費者をつなげる小売業から続くビジネスモデルの一つです。

現代を代表するプラットフォーマーも、20世紀型の伝統的なビジネスも、ビジネスモデルは結局AとBのニーズをつなげるCという三角関係をつくることだったんだ！と合点がいきました。

会社からプラットフォームづくりを検討せよと指示を受けましたが、どうしていいかわか

ビジネスは結局、三角関係!?

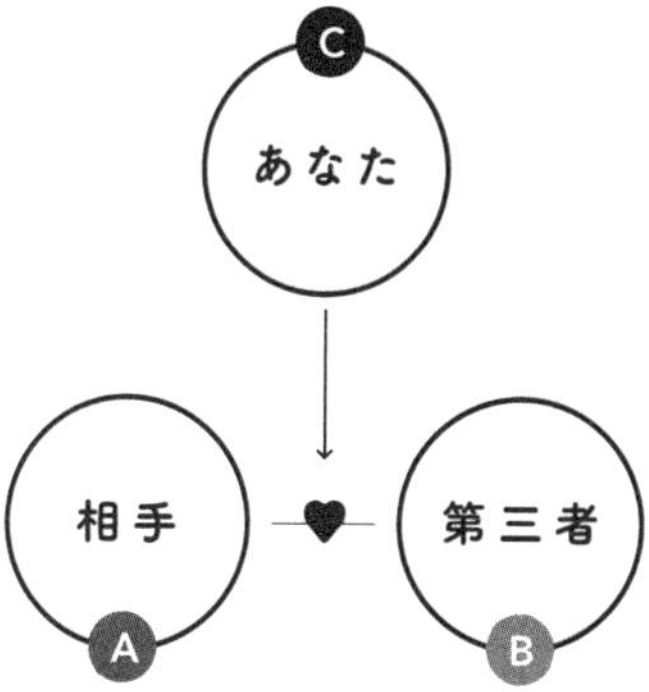

りません。新しいソーシャルアプリを開発して起業したいのですが、どんなアプリがいいと思いますか？　はたらく女性のかていきょうしでは時々こういうご相談もいただきます。

そんな時はまず**「三角関係、考えてみましょう」**と切り出して新しいビジネスモデルを一緒に描くようにしています。実際にかていきょうで考えた案を持ち帰っていただき、会社の上層部からいいねと言われました、という嬉しいご報告もいただいています。

新しいビジネスのひらめきを生む第四の「関係図」の型は、じぶんのやりたいことに、たくさんの人が共感できる、たくさんの味方を増やすことができる、パワフルな型なんです。

割り算思考・まとめ

あらゆる事象をピタッと余りなく整理する。割り算思考とは、日本の伝統文化である茶道のように、美しく、シンプルに**「だんどり」「数式」「2軸」「関係図」のたった4つの「型」に整理する思考**のことでした。いちいち小難しいロジカルシンキングとは似て非なるやり方なんです。

難しい専門知識を使わなくていい。いやむしろ使わないほうが、じぶんも相手も同じ考えで納得しあえる効果が高いと思います。それが割り算思考のお作法の秘訣です。

またよく「日本人はロジカルじゃない」とかいう定説を耳にしますが、整理やお片づけは日本文化が得意としている領域です。世界を舞台に働く時もぜひ自信を持って割り算思考を使ってください。海外の取引先や同僚も、きっとわくわくして、大いに味方になってくれると思います。

第3章

引き算思考でダイジを見抜く

心で見なくちゃ、ものごとはよく見えないってことさ。かんじんなことは、目には見えないんだよ。

――『星の王子さま』より

3-1

で、何がダイジなのか？

重要なことは、正しい答えを見つけることではない。
正しい問いを探すことである。

――ピーター・ドラッカー

WHY「それをやる意味」を探せ

この章は、物事の本質を見抜く引き算思考のお作法をご紹介します。美ボディダイエットのように、ムダな考えをストイックにカットして、ダイジなテーマを見つけ出す思考のお作法です。これができると、じぶんも相手も「今、何をすべきなのか」について、同じ方向性や考えを共有することができます。

それではダイジなことを見つける引き算思考らしく、この思考のダイジなことについて考えてみたいと思います。

そもそも何が、「ダイジ」なんでしょう？

本質的なことです、とても重要なことです、ダイジなことです。という答えになっていない答えをする人が多いと思いますが、これは聞かれた質問に「願いましては〜なり」と積み上げ式に正解を答えようとする足し算思考的な発想をしているからです。

平成育ちのおじさまたちだと「負けないこと、投げ出さないこと、逃げ出さないこと、信じ抜くことだ」と口ずさみつつ指折りながら答えるかもしれません。その時はやさしく微笑んで聞き流してください。足し算思考では「そもそも何なの？」という問いを受けると、エンドレスに積み上げた議論のハシゴを外されてバグが起きてしまうんです。

「ダイジなものが、ダイジなんだよ」って答えになってない堂々巡りの答えをしてしまうバグです。こういう堂々巡りのバグを専門用語で「トートロジー」と呼んだりします。

「とにかくやらなきゃいけないんだ」
「ダイジなものはとにかくダイジなんだ」
「ダメなものはとにかくダメ」

こんな指示を上司や先輩から受けたことはないでしょうか？　これこそまさに足し算思考のバグが引き起こす、本質が見えない典型例です。こんな時みなさん、こう口にしたくなった経験があると思います。

「わからないいけど、ワカリマシタ」

以前、テレビのCMでも使われたことのある、職場でふにおちないことあるあるの代表的なシーンです。この一言、気持ちがついそのまま口に出てしまったかのようなセリフなのですが、引き算思考的にはこれこそ「何がダイジ？」の答えを表しています。「わからないけど、ワカリマシタ」の意味は、

「わからない」（けど）＝言われたことの意味はさっぱり納得できません。が、

「ワカリマシタ」＝とにかく「ヤレ」と指示されたので、ハイ、ヤリマス。

わからないは、ふにおちないという意思表示。ワカリマシタは「ハイ、ヤリマス」の形式的な返事を意味しています。つまり、この一言を口にした時、本能的に引き算思考が覚醒してこう感じてるんです。

「本当は**『それをやる意味』**がダイジでしょ」と。

実は引き算思考が目指すのは「(それをやる) 意味」。理由とか意義を理解しないと、人間は本当には納得しない。これが引き算思考の究極的な原則です。この原則をうまく説明する理論があるのでご紹介します。ＴＥＤスピーチ等で有名なサイモン・シネックさんが唱えた「ＷＨＹ・ＨＯＷ・ＷＨＡＴ」のフレームワークです。

ＷＨＹは直訳すると「なぜ?」。それをやる意味、理由、意義を意味します。
ＨＯＷは「どうやって?」。それをやる理論、方法論を意味します。
ＷＨＡＴは「何を?」。具体的に何をやるかの指示、必要なスペックを意味します。

この理論は、人や社会を導き、世界を変えるような人は必ずＷＨＹ→ＨＯＷ→ＷＨＡＴの順番で考える。なぜならその順番が、脳の進化した順番と同じだからという理論です。

ご参考まで、人の脳はまず意味・理由・意義を考える脳の中心部分ができ上がり、次に脳の層が増えて方法論を考える部分が進化し、最後に脳の表層ができてそこにある具体的なロジックや記憶を行う部分が進化したというのがサイモンさんの主張です。なるほど、気持ちいいくらい、納得感があります。

実は、はたらく女性のかていきょうしで編み出した仕事のお作法は、このＷＨＹ・ＨＯＷ・ＷＨＡＴのフレームワークをベースにしているものが少なくありません。そしてこのフレームワークは優れた企業やリーダーがじぶんたちの戦略を考える時によく利用するフレームワークです。経営戦略ってすごく難しく聞こえますが、本当にデキる人は、みんながじぶんの考える戦略に納得して、わくわくするようにシンプルに考えるんですね。

「それをやる意味」を見つける引き算思考は、優れたリーダーがつくる戦略の出発点でもあります。次のセクション以降ではそんな引き算思考のお作法についてご説明します。

3-2

「5つの視点」で本質に迫る

物事のなぜを知るまで人は納得しない。

――アリストテレス

まずは定義を押さえよう

引き算思考が見つけたいダイジなこと、本質とは「(それをやる)意味」だとお話ししました。でもそれだけではまだ「ダイジ」を見つけるには不十分です。やっぱり、

「で、意味って何ですか?」

という質問がわいてくると思います。それって何？という疑問をとことん掘り下げることが引き算思考のコツ。ここでは「意味」って何？を考えて、ダイジってそういうことだったんだ！を発見したいと思います。

引き算思考の極意は、ダイジな本質＝「それをやる意味」を見抜くための「ものの見方」を持つこと。この「ものの見方」が無理なく使えるようになれば、今からでもみなさんの引き算思考は覚醒します。

「それをやる意味」を見抜く「ものの見方」とは、次の5つの視点から考えることです。

目的、目標、問題、問題点、課題。

あれ、なんだか職場でよく耳にする言葉ばかりですね。よく上司や先輩から「キミ、それは課題じゃないよ」とか「いったい問題はなんだ」とか「目的と手段がうんぬん」とか言われたことないですか？　その一言一言もイマイチ意味が不明なので「わからないけどワカリマシタ」状態に煙に巻かれてしまいます。

そんな上司や先輩に「すみません、目的とか目標とか問題とか課題とかの定義を教えていただけますか?」と聞くと実は答えきれない人が多いと思います。足し算思考に頼る人は、「そもそもそれって何ですか?」の質問を受けるとバグが起きて答えきれないいんです。

引き算思考では、これら5つの視点にしっかりとした定義があります。

①目的:「こうなったらいいな」と思い描く未来像。イメージや言葉で表現するもの。
②目標:目的について「こうなったら」を具体的に数値化したもの。数値目標。
③問題:目標とゲンジツにギャップがあること。
④問題点:問題（目標とゲンジツにギャップがある）の理由。何個もあるはず。
⑤課題:何個もある問題点（問題の理由）のうち、解決すべきと考えるもの。

です。ご紹介した順番に考えて「それをやる意味」を明確にするのが引き算思考によるものの見方のお作法です。ご参考までにこれら5つの親戚に「リスク」というものがあります。リスクは今は起きてないけど、実際に起きると「問題」になっちゃうこと、です。

これらのお作法は学校でも職場でも教えてくれないのですが、いったん身につけたらダイジなことを見つけやすくなるし、相手にダイジなことを納得してもらうことも実に簡単になります。

余計なものをバッサリ捨てる

ぼくはこのお作法に初めて気づいた時、世の中が全く違って見えるようになったのを覚えています。この5つ以外のことは「余計」なこと、バッサリ捨て去っていいんだと。そしてこの5つ「だけ」整えたらダイジなことが見えてくるんだと。なんてシンプルで美しいんだと感激しました。

本当に必要なことに的を絞った見方ができない足し算思考と比較するとわかりやすいと思います。まず足し算思考は、目的や目標から物事をとらえるのが苦手です。積み上げ式にじぶんたちの価値基準から考え始めるのが足し算思考。じぶんたちが常識と考えていること、標準と考えていることから外れたことが起きると、「あ、じぶんたちの基準とギャップがある」とセンサーが感知します。そして「じぶんたちの価値基準と違うから問題発

5つの視点で、本当の問題だけをモンダイに。

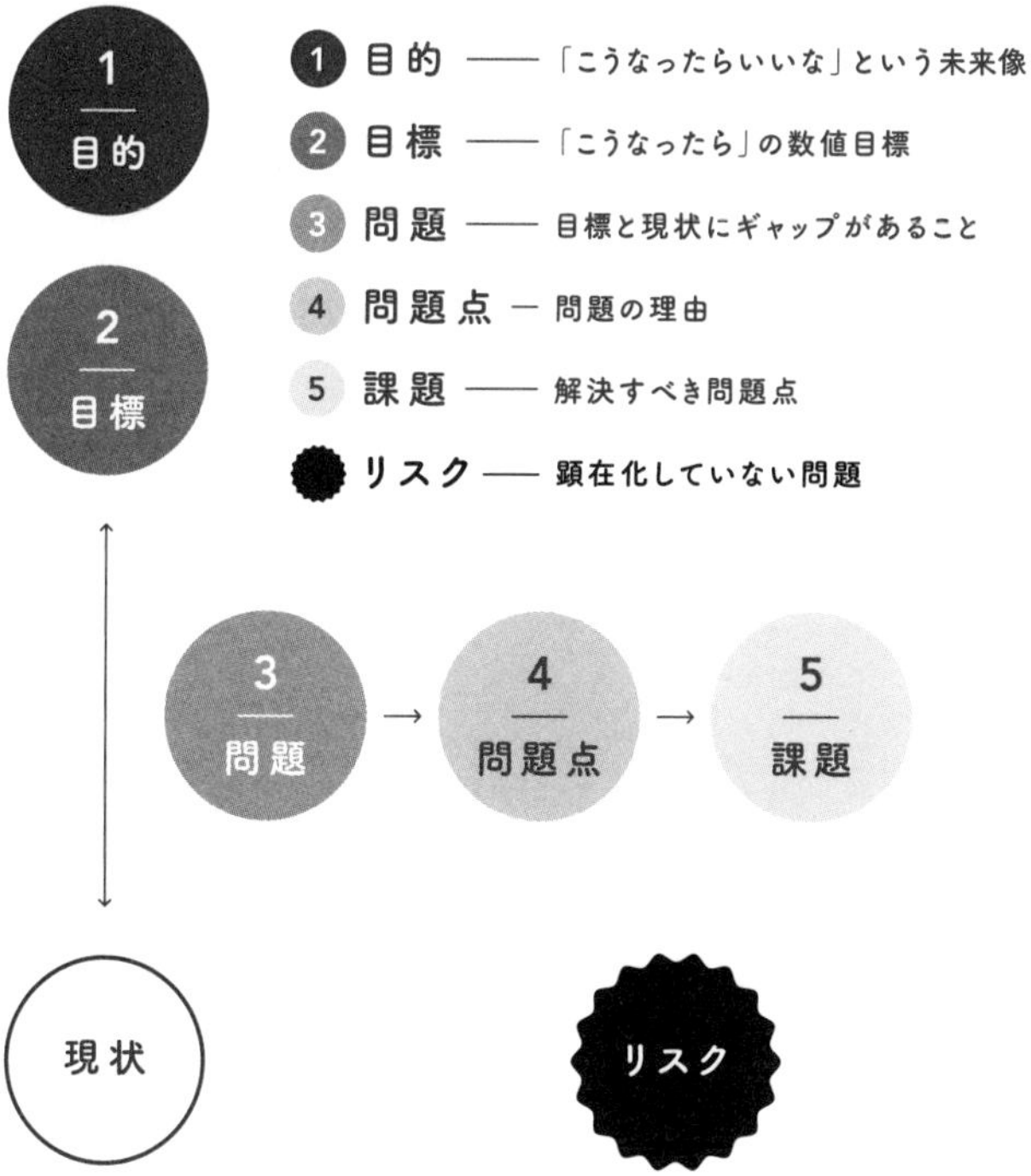

生」と処理しちゃうんです。

足し算思考が思いつく問題とは、あなたの行動には問題があります、あなたの考え方には問題があります、あなたには問題があります、とか、世の中には問題が多いです、みたいな、現状への不満を指折り数える状況になりがち。**それって「問題」じゃなくて「不愉快」ですよね**と突っ込みたくなるような「問題」ばかりです。

じぶんの考え方との違い、不愉快を「問題」として積み上げていったら、極めて醜く巨大な不満のかたまりができ上がるだけです。もはや問題とは言えません。映画『千と千尋の神隠し』でどんどん肥大化した「カオナシ」みたいに人のネガティブな感情のかたまりと同じです。

時には「目標」を設定して「逆算」するという、足し算思考の上級編的パターンも見かけます。でも数値目標を設定したとしても、なぜその目標値に到達しなくちゃいけないのか？　実はじぶんもわかっているわけではありません。とりあえず決めてはみたものの、あまりよくは考えていないのです。いわんや周りは目標値に対して「よし、やるぞ！」とは思わず、上から落ちてきたノルマくらいにしか受け取ってくれません。

目的のない問題はただの不満

引き算思考の素敵なところは、**「目的」がなければ「問題」なんてない**という凛とした姿勢です。目的のない問題なんて「不愉快」「不満」にすぎないワという考え方がカッコいいですよね。カオナシの出番、ゼロです。

まずどうしたいのか？　どうありたいのか？という目的を考える。次にその目的を数値目標に落とし込む。これもダイジです。目的だけだと漠然としてじぶんも具体的に語れないし相手も理解できません。だからじぶんが叶えたい未来像を、誰でも同じ尺度で評価できるために、数値化する。数値目標化とはそのためにあります。**目標設定はノルマ配分じゃないのヨ**という考えがまたカッコいい。

そして、数値目標設定したからこそ、ゲンジツに目を背けず数値で直視する。目標値とゲンジツの値に差（ギャップ）がある。**問題とはそれ以外にないワ**。そう言われたらじぶんも周りも絶対同じ現状認識ができると思います。

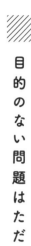

問題の共通認識ができたら、その理由（問題点）とそのうち解決すべきもの（課題）を洗い出す。**だからこそ、コレをやる意味があるノ**と伝えられたら、じぶんも周りも「それをやる意味」に同じように納得するはずです。職場でよく聞く「それは課題じゃない」みたいなやりとりは、こういうものの見方からはまず生まれないと思います。

この5つに視点を絞ることができたら、周りの意見を「それって（問題でも課題でも何でもない）ただの不満ですよね」とバッサリ捨て去ることができます。また他の関係者との複雑な関係だったり横やりだったりも「それも解決すべき課題の一つにすぎないでしょ」とおどおどせずに対応することができます。

それをやる意味をストイックに掘り下げて絞り込む。これが引き算思考のお作法の極意です。

3-3

セクシーに、覚醒せよ

「世界」を変えるにはまず「鏡の中の男」を変えよう。

――マイケル・ジャクソン

ナイスバディになるために

引き算思考の「ものの見方」すなわち、5つの視点を身につけたら、引き算思考は覚醒しますとお伝えしました。

うーん、なんとなくわかったけど、まだ特に覚醒はしてないなぁ。と感じている方も多いと思います。大丈夫です。みなさんの引き算思考を覚醒させていただくのはこのセクションです。実際に例えを使って一緒に実践してみたいと思います。

引き算思考のまたの名は「セクシー思考」。引き算思考は、ストイックで無駄がない、筋肉質なナイスバディを獲得する**美ボディ化**に例えられます。実は「ものの見方」はダイエットや美ボディ化で成功するために、じぶんを見つめるやり方と同じなんです。美ボディ化で成功するためのじぶんを見つめるツールが2つありますよね。それは、

姿見とヘルスメーターです。

この2つのツールを使って、目的・目標・問題・問題点・課題の5つの視点に基づくお作法を実践してみましょう。

5つのステップでいざ実践

①目的：理想の未来像の言語化・イメージ化

美ボディ化のはじめの一歩は理想のじぶんのイメージづくりと言われています。イメージ

づくりに効果的なツールが全身が写る姿見。美ボディ化に成功する人は、鏡に写るじぶんを見つつ、未来の理想的なじぶんをイメージしています。

ちなみに足し算思考だと積み上げ式の発想なので視点が未来に向かいません。鏡に写るゲンジツのじぶんばかりを見てしまって、じぶんに自信が持てず美ボディ化に着手ができないという状態に陥ります。

②目標：数値目標化

理想のじぶんをイメージしたら、じぶんがそのイメージ通りの美ボディになるには、どれくらいの体重・体脂肪になったらいいか目標値を設定します。イメージの実現という目指す未来があるので数値目標が立てやすいです。しかもその目標をクリアしたいと自然と考えるし、クリアしたじぶんを想像するとわくわくすると思います。

足し算思考だと「とりあえず何キロ減」みたいな数字がムダに一人歩きするので、数値目標に対してわくわく感が出てきません。

③ 問題：ゲンジツを前向きに数値でとらえる

ここまで理想のじぶんを具体的に設定できたら、じぶんの現状を前向きに見つめることができます。ヘルスメーターに乗って、今の体重と体脂肪を測定。よし！ 理想とゲンジツのギャップがわかった！と理想のじぶんに届かないじぶん（モンダイ）を前向きにとらえることができます。

足し算思考だとゲンジツを数値で客観的に見ようとはしません。見たとしても、ただじぶんを否定したくなるだけです。ゲンジツに目を背けて「アレが悪い」「コレが足りない」と不満を問題へと言い換えるだけで、本質的で大事な問題を見抜くことができなくなるんです。

④ 問題点：ゲンジツとのギャップの理由を考える

鏡に投影した理想の美ボディなじぶん、それを数値目標に落とし込み、だからこそできるゲンジツ直視からのギャップ認識。その次はギャップ（理想の数値と現状の数値にギャップがある）の理由を考えます。ゲンジツも現状も受け入れているので、理由（問題点）も素直に考えられます。カロリーの摂取量？ 運動量？ それとも筋肉の量？ 体の代謝率？ 何が原因かを数値で見つめて明確にすることができます。

足し算思考はこういった掘り下げをしないので、問題点という見たくないゲンジツには蓋をしてしまいます。

⑤ 課題：じゃぁ何をやる？を決める

問題点が見つかったら、そのうち最も解決すべきこと（課題）の選択です。それを解決すると、じぶんが目標値に近づき、理想の未来像（目的）に到達できると考えたら、本当にじぶんが「これをやりたい、やるべきっ！」と素直に思えるし、行動に移せるし、継続できる行動を、自然と選択しているはず。もはやその行動をとりたくてわくわくしちゃう。それが、課題です。

足し算思考はそもそも「課題」はイシュー（直訳するとモンダイ）だとネガティブにとらえがち。よくイシューから始めよという方もいらっしゃいますが。

ぼくは「課題」の適切な英訳は「**チャレンジ**」だと思います。実際外国の職場で働いていると、目標達成のために解決すべきことを「チャレンジ」と呼んでいることも多いです。じぶんの目指す未来に近づくための、明日から始める私の挑戦。引き算思考のお作法は、

「それをやる意味」を前向きにとらえる。

チャレンジって言葉がイイですよね。目線を上げて凛としてる感じがして、カッコいい。だから「セクシー思考」と呼ばれるんだと思います。引き算思考はじぶんのやりたいことについて、じぶんも周りも納得できて、わくわくする。だからたくさんの人を味方にできる。優れた起業家やリーダーが使いたがる理由がわかります。

迷わず短期で目標達成

ご参考まで、ぼくは40歳を超えた時に、ここでご紹介した通りの引き算思考を使って肉体改造しました。

基本的には運動とトレーニングを増やして筋肉を増やしつつ余分な脂肪を落としたわけですが、結果4週間で7キロ減、体脂肪は10％まで削減。1年後の健康診断でウエストを測ったら10センチ細くなってました。

あれこれ試さず、1つに絞る。

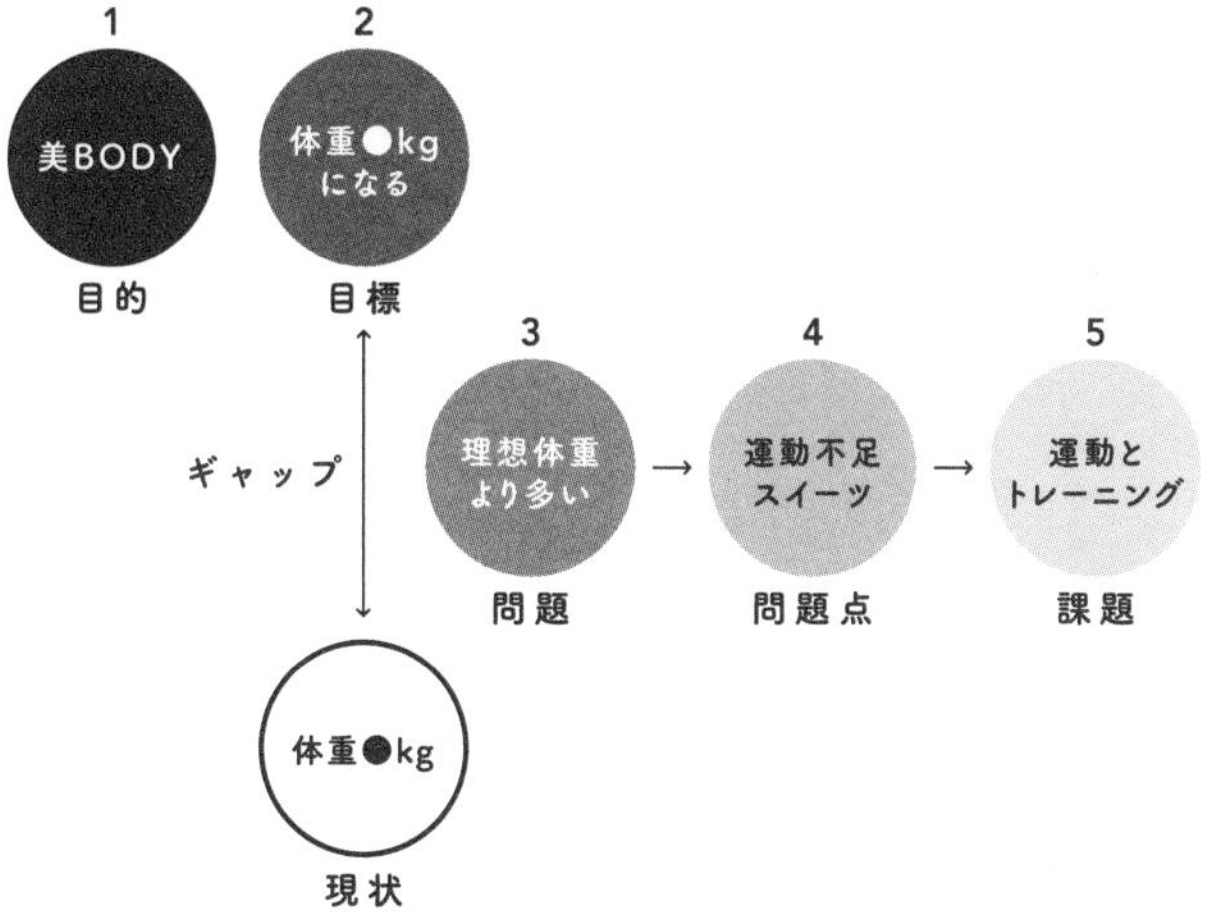

この時の肉体改造で1ミリも登場していないのが、足し算思考的な「いろんなダイエットを試す」という事例参考型、積み上げ式ダイエットです。**やせたいと思ってとりあえずいろいろ試すのもいいですが、ダイジな結果に届くには時間がかかりすぎです。**

他人が勧めるやり方をいろいろ試すという無駄な工程を、引き算思考でバサッと捨て去れたのが短期間で肉体改造できた要因だと思います。

なるほど、これなら私もできるかも！と思っていただけると嬉しいです。このセクションの目的は、読んでいただいたみなさんの「引き算思考覚醒」だったのです。

引き算上手になるためのコツ

小説を書くのには3つの法則さえ守ればいい。
不幸なことにその3つが何かは誰も知らないが。

――サマセット・モーム

引き算思考の本質。5つのお作法に納得していただいたら、実際に引き算思考を使いこなしたくなると思います。ここでは引き算思考上手になるコツを3つご紹介します。

①「ステキなこと」を想う癖をつける
②「どうして?」と問う癖をつける
③「3つあって」と考える癖をつける

順番にご説明しますね。

1 「ステキなこと」を想う癖をつける

まず「ステキなこと」と想う癖について。これは引き算思考そのものが、理想の未来をイメージ化、言語化する作業から始まるからです。これ、足し算思考しかデキない人が相当苦労する工程です。がんばっても「世界が平和になること」とか「幸せな人生を送ること」みたいな漠然としたことを思いつくだけでイメージを持つことができません。結局「私は何をしたらいいか、教えてください」と白旗をあげることが多いです。

ステキなことを想う癖をつけるには、いきなり理想満載のパーフェクトワールドを考えようとしないこと。「**1ミリでもこうなったらいいのに**」から考えるのがオススメです。じぶんが1ミリでもこう変わったら、どうだろう？　職場が、会社が1ミリでもこう変わったら？顧客の暮らしが1ミリでもこう変わったら？　世の中が1ミリでもこう変わったら？から始めると、「理想を考える」ことのバーが下がって、イメージしやすくなると思います。

また、売上金額や生産性などのお決まりの指標や数値ではなく、**ビジュアルや体験をイ**

メージするほうがステキなことを思いつく可能性が高いです。一枚の写真だったり、目に映った光景だったり、じぶんが描いた絵だったり、旅行での体験のほうが、ただの数値よりも絶対ステキ。理想の未来を見つけやすくなります。

例えばカフェに全く新しい世界観を築いたスターバックスって、CEOのハワード・シュルツさんがイタリアのカフェを訪れた時の体験から「これだ！」とお店のイメージを思いつきました。優れたリーダーや経営者の戦略ってビジュアルや体験から思いついた理想の未来像から出発していることが多いんです。細かい数字の分析はバサッと捨て去り、人の心に訴えるイメージに絞って考えるようになれる癖です。

2 「どうして？」と問う癖をつける

次に「どうして？」と問う癖です。足し算思考の似たような表現で「なぜ（WHY）を5回繰り返す」という方法があります。それはなぜ？　その答えはなぜ？　さらに出たその答えはなぜ？…と5回繰り返すと本質的な課題が見つかるという思考法です。

引き算上手になれる、3つのコツ。

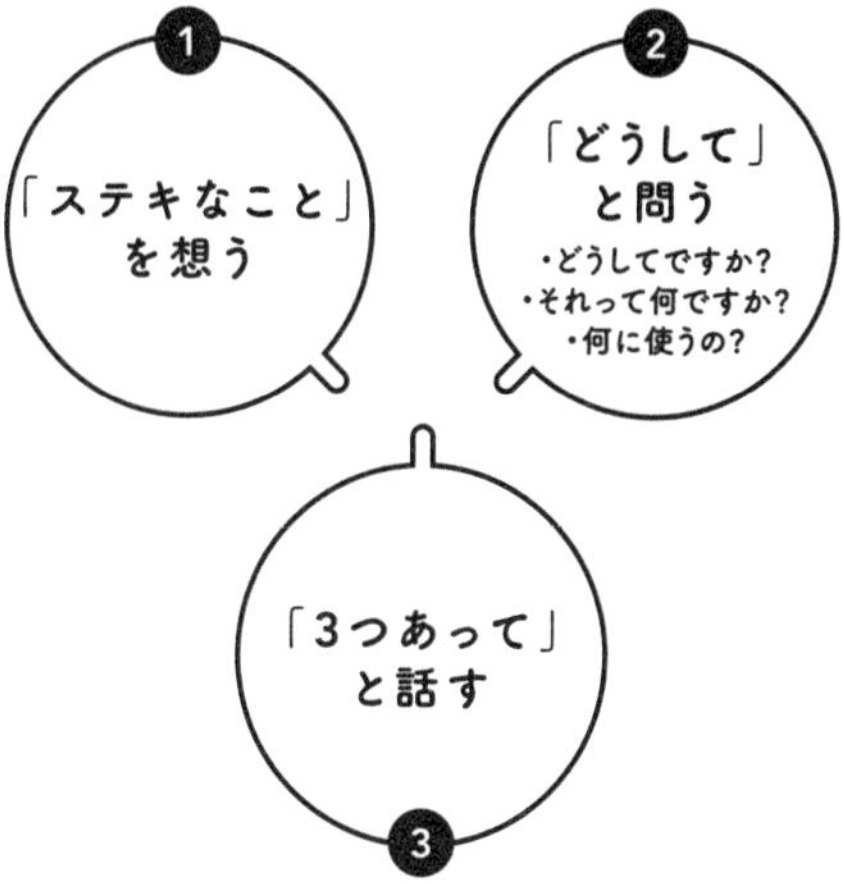

が、あまりオススメしません。確かに本質的な課題を見つける効果は高いのですが、5回もなぜ?と繰り返されると問われるほうも精神的に疲れます。また5回もなぜを繰り返すこと自体、足し算思考の積み上げ式でエンドレスな禅問答感覚に陥りやすいです。

引き算思考では、本質に届くためにもっと効率的な3種類の問いを使い分けます。

・「どうしてですか?」

まずあえてざっくり「どうして?」と聞く質問。それは必要にせまられた理由かもしれないし、何かの効果に対する期待かもしれません。でも本人は漫然と考えているとその理由に気づけない。「どうしてですか?」の問いは、改めてやる理由を見つめ直すきっかけを与えてくれます。

足し算思考ではどうしての代わりに「でも」を多用します。じぶんの計算結果や基準と違うことにスポットを当てるからですが、「でも」は違いを指摘するだけで本質に届くことはありません。

・「それって何ですか？」

ロジカルシンキングって何ですか？ ダイジって何ですか？ と定義を問い直す方法です。この問いをすると「あ、こういうことかも！」と新しいテーマや考え方を見つけやすくなります。

Appleという会社がiPhoneを世に出した時、彼らがやったことは「携帯電話を、再定義した」と表現したのは有名な話ですね。まさに「携帯電話って何だっけ？」と問い直した代表例です。

・「何に使うの？」

この製品、この部品、この機能、この仕事って、完成したら誰が何のために使うの？とみんなが見逃しがちなことを改めて考え直す問いです。新製品、新ビジネス、新プロジェクト、じぶんの仕事など、いろんなことの「目的」や「存在意義」をわかりやすく見つめ直すことができます。

先ほどご紹介したスタバはまさにこの問いをした代表例です。スタバの店舗は何に使う？と問い直したから、コーヒーを飲むためじゃなく、憩いの空間として使う！というスタバのブランドが確立されたのです。

なぜを5回繰り返すような心理的にしんどい作業はバサッと削ぎ落とし、本当にダイジなWHYにフォーカスする。引き算思考上手になるためにぜひ身につけたい質問の癖です。

3　「3つあって」と考える癖をつける

最後に「3つあって」と伝える癖をつけること。人間は本能的に「3」が大好きで、3つあると説明するとなぜか納得しやすいことは以前にもご紹介しました。なるだけダイジなことを伝える時は「3つにまとめる」という癖をつけると効果が高まります。

「3つあって」の癖を身につける効果はもう一つあります。それは足し算思考と比べるとわかりやすいのですが、彼らはダイジなポイントを伝える時ほとんどが、「2つあって」になるんです。おそらく少しでも周りより頭の回転が速くなければという焦りが背景にあると察するのですが、瞬間的に「ダイジなポイントは2つあって」と切り出すタイプ。これ、単純に2つしか考えきれてないという残念なパターンです。

「3つ」と比べて説得効果が少ない。しかもデキる人たちから見たら2つしかないということは明らかに考えが足りないとみなされるでしょう。実際3つ考えるにはそれなりの思考量が必要で、よくよく考えないと3つって挙げきれないものなんです。

あまりよく考えてない「2つあって」の意見はバッサリ捨てて、しっかり考える「3つあって」を見つける。3つあっての癖は説得効果を高めると共に、しっかり考えるという引き算思考に必須の癖を定着させる効果があります。

3-5

シンプルに考えると見えてくる

これまでの人生で、テクニックに裏打ちされた自信を持ったことは一度もありません。でも、感性さえ磨いておけば、どんなことでもやってのけられるものです。

——オードリー・ヘップバーン

お題は「今流行のサブスク&横展開」

引き算思考を使って難しい課題の中から本当にダイジなことを見つけ出して、事業をカタチにしようとしている、ある一人の働く女性のケースをご紹介します。

割り算思考のだんどりの事例でご紹介した、かてきょ営業女子にもう一度登場していただきましょう。定期的にかてきょを受けている彼女。営業での活躍が会社に認められ、新規事業企画部門に抜擢《ばってき》、さらに管理職に昇進という華麗なるキャリアを歩まれています。

それは彼女が上司から任された、ある新規事業の企画・立ち上げという難題について、かてきょに相談に来た時でした。

「はて、どうしたものか…少し悩んでます」

どういう事業なんですか?

「ネットです。これまでの新聞・雑誌・ラジオ・テレビではなく、ネットを使った新しい形の媒体を模索しているんです。今話題のサブスクリプション（通称サブスク）的な定額のコンテンツ配信サービスも盛り込むように上司から言われています。まずパイロットとして、あるジャンルのカルチャーファン向けサイトで、新しいサービスを立ち上げる。その成功例を横展開する計画だそうです」

今話題のサブスクで横展開して、成功例をさらに横展開ですか。いかにも足し算思考的発想で、うまくいかないパターンですね（笑）。

フレームワークはあえて捨てる

「タブさん、そう言うと思ってました（笑）。私も上司から言われた時は違和感だらけだったんですが、でもどうしたらいいかダイジなことを整理したくて、かてきょに来たんです。あとマーケティングに詳しい上司が、このフレームワークを使うといいと勧めてくれたんですが…。9つのマスに整理して、ビジネスモデルを考えるフレームワークなんですけど、どのマスから考えたらいいですか？」

（きっぱりと）フレームワーク使うの、ばっさりやめましょう。

「!?」

不慣れなフレームワークから始めると、そのマスに情報を埋めることが目的化しちゃうんです。特に日本人にその傾向が強い気がします。テストの穴埋め問題みたいに解答を書き込んだはいいけど、「で、結局何？」と本質的な課題やアイデアが見つからないことが多いんです。経験を積んで使いこなせるようになった時に使えばイイと思いますよ。

「そう言われてほっとしました。ですよね、ダイジなのはフレームワークを使うことじゃないですもんね」

こんな質問で掘り下げてみよう

まずはそのファンサイトのダイジなことを見つけたいですね。会員さんは、どうしてそのサイトに訪れるんですか？（引き算思考のコツ「**どうして？**」を使ってみました）

「あ、そういえば聞いてないです！　上司は会員を増やしてカルチャーイベントのチケット販売を増やしたいからと言っていましたが。それって提供する会社の都合ですよね」

ですね。利用者目線で「どうして？」「何に使うの？」と自問すると、目的が見つけやすいと思いますよ。そもそもファンの人たちは、どうしてイベントに来たいんですか？

「私もこのジャンル好きなんでわかります！ 忙しい日々の合間にイベントに行って、アーティストのパフォーマンスに感動したいんです。『素敵な非日常』を求めてるんです」

素敵です！ それが目的なんですね！ ファンの人たちはそのイベントにどんな付加価値がつくと、もっと嬉しいんでしょう？（**目標**を聞いてみました）

「あ、そういえばこの前、ファンサイトの使われ方の分析結果をもらったんです！（こそこそ）これこれ！このデータって…。ファンの人たちは例えばアーティストに対する○○を求めてるってことじゃないですか？」（○○の部分は企業秘密とさせていただきます）

ぼくもそう思います。○○を圧倒的な付加価値としてファンに提供することが目標ですね。

「でも、今のサイトは全然そんなことできてません。しかも上司が考えてたサブスクのサービスもちょっと違うかも」

（彼女が目標と現実のギャップである**問題**を見つけてくれたので）どういうところが違うんでしょ

本当に求められているサービスとは？

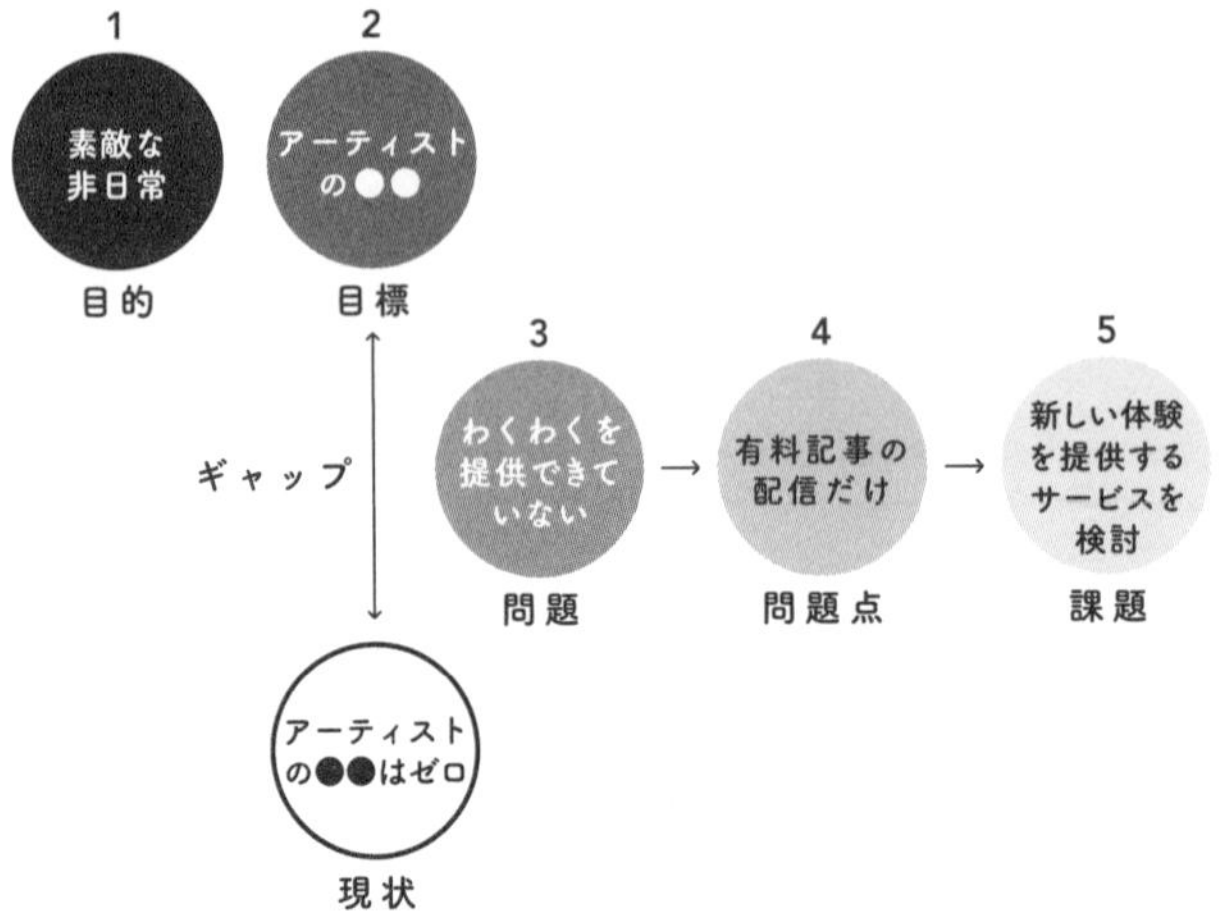

う？と問題点・課題を聞いてみました。

「今のプランはサブスク会員専用に有料記事を配信するサービスです。でもそれって〇〇の提供とは全く違いますね！」

流行ってるからウチもと横展開式に企業が導入してるサブスクって、固定観念にとらわれている気がします。毎月定額の利用料を払い続けると一つひとつ買うよりお得な、コスパの高いサービスがサブスクだ、みたいな。新種の「回数券」みたいな企画が多いですよね。

何個分安くなるという考え方はちょっと足し算思考的ですよね。そもそもサブスクって「一つひとつ購入する」という利用の仕方を開放して、**「全く新しい体験に変える」**ための手段だと思います。インターネットも定額になって、ネットを手段にいつでもどこでもつながるという新しい体験が生まれました。最近は音楽のサブスクもコンテンツをお得に売りたいんじゃなくて、音楽の聴き方を開放し、その先にある音声認識するヘッドホンやスピーカーからネットにつながるという新しい体験を生むための手段だと思います。

「新しい体験！　そうか、私の場合はファンの人たちに付加価値を届けるための手段としてサブスクを考えたらいいのか。具体案がわいてきました！」

さっそく新規事業プランの見直しに着手した彼女。その結果は…やっぱり彼女とぼくの秘密にさせていただきます。

「形」より「中身」を考えるために

まさにマーケティング論どまんなかのご相談テーマでしたが、ぼくはあえて専門用語やフレームワークを使いませんでした。技術論や専門知識にとらわれると見逃しやすい、そのビジネスに本当にダイジなことを見つけたかったからです。

技術論や専門知識は詳細な分析をし、戦略を立て、経営層に説明する時には効果的。つまり、ダイジなことを伝えるための「理論武装」です。**でもダイジなことを探さずに理論武装から入るのは「中身のない武装」**。ダイジなことが空っぽの形だけになっちゃいます。

だからこそ、専門知識をばっさり捨てて引き算思考から始めることがダイジなんです。

ダイジなことを見つけるのに彼女が使ったものは、一般的な言葉と引き算思考と、素敵なことを見つけたいという想い。それだけ。

でもそれがあれば、わくわくする本質を見つけることができるんだって、彼女とのかてきょ体験が教えてくれているように思います。

3-6

引き算思考・まとめ

ねぇ　ぼくらがユメ見たのって　誰かと同じ色の未来じゃない　誰も
知らない世界へ向かっていく勇気を〝ミライ〟っていうらしい
――スガシカオ

「**それをやる意味**」という、物事のダイジな本質を見抜く引き算思考は、使うことができたら、じぶんのやりたいことに、自分自身も周りも心から納得できて、味方にしてしまうことができる、カッコよくてパワフルな思考です。さすが別名「セクシー思考」。

例えば新しいシステムを会社に導入するプロジェクトに入った時、「正直、なんでこのシステムを入れるのと聞かれたら答えられない」と感じたら、もう細かい議論や数字の話はいったんやめましょう。「**そもそも、このシステムって何に使うんだっけ？**」と問うだけで突破口が開けると思います。

新商品の開発や営業を任されたけど、この企画じゃ正直売れないと感じたら、あれこれ細かいことが書かれた企画書をいったん閉じて**「そもそもこの商品って何だっけ?」**と問いかけてみたら、きっとその商品の新しい存在意義が見えるきっかけになると思います。

じぶんの仕事についてモチベーションが下がった時、収入とかキャリアのことを考える前に**「私の仕事で1ミリでも世の中がよくなることって、何だろう?」**という問いに少しだけ時間を割いてみてください。じぶんの仕事をやる理由が見つかるだけで、がんばる勇気がわいてくると思います。

引き算思考に本当に必要なのは頭の回転や知識、スキルではない。それらは取っ払っていい。本質的にダイジなのは、「ものの見方」を知ること、「ミライを見る」こと、イシューじゃなくてチャレンジを始めること。それだけなんだと思います。

第4章

掛け算思考でアイデアを生む

Creativity is just a connecting things.
（創造性とは単に物事を結びつけることなんだ）
―― スティーブ・ジョブズ

4-1

アイデアの迷信に騙されるな

（あなたは、どうやって重力の法則を発見したのでしょうか？という質問への回答）
年がら年中、そのことばかりを考えていただけです。
――アイザック・ニュートン

決して特殊な能力ではない

この世にあるのは、たった3つの思考法。この章は3つ目の掛け算思考のご紹介です。

割り算思考はお片づけ上手な事象の整理、引き算思考はダイジな本質を見抜くものの見方。そして3つ目の掛け算思考は**アイデアを生み出すひらめきの思考**です。

最近デザインシンキングなどが注目されて、アイデアを生み出したり、人間の直感に訴えたりする思考法への関心が高まっています。

でも実際の職場では、アイデアでスパークしてる人たちやチームってあまり見かけません。それは職場で多数派な足し算思考の人たちの「アイデア」に対する迷信めいた思い違いが影響しているようです。

足し算思考の「**アイデア**」**に対する迷信**とは大きく3つあります。

①アイデアとは、ゼロからイチを生み出す才能
②アイデアは、天から降りてくるもの
③アイデア＝デザインシンキング＝ホワイトボード

①の迷信は、よく「ゼロ（0）からイチ（1）」を生み出す」と「イチからジュウ（10）に増やす・伸ばす」のは、人のタイプによって向き不向きがある。ゼロからイチはクリエイティブなタイプのみに可能な神聖な領域で、イチからジュウはクリエイティブの才能はな

いけどマネジメントが得意な実務型タイプが担うものと勝手に線引き。アイデアやひらめきって持って生まれた才能、あるいはデザインや思考法など専門的な訓練をして身につける特殊能力と崇め奉る迷信です。

②の迷信は、①の迷信が前提になっています。アイデアは持って生まれた才能か特殊能力によるもので、考えるという作業から見つけるのではない。お告げみたいに天から降りてくるものだという迷信です。天から降りてくるまでは、静かに目を閉じ、手のひらは上に向け、天と交信しながら待つ。あるいは普通の考え方ではなく、右脳を使ったりして何か特殊な思考をしなくてはならないという思い込みです。

③は、アイデアといえばデザインシンキングっしょ！とデザインシンキングを象徴するツールであるホワイトボードを使いさえすれば、アイデアが生まれるという思い込みです。アイデアとかデザインってすごい特殊能力、「あれをやって」「これをやって」「それからこれもやって」という足し算思考的憧れが見え隠れする迷信です。

ハッキリ申し上げますが、「アイデアって一般ピーポーにはできない、魔法のような能力」

というマインドセットでは、ずっと待っても、何度ダウンロードボタンを押しても、アイデアは「降りて」こないと思います。このことを端的に伝えるエピソードをご紹介しますね。

アイデアが「降りてきた」代表的シーンといえば、ニュートンが万有引力理論を思いついた時でしょう。木の下に座っているニュートンの目の前にリンゴが落ちてきたというお話です。リンゴがニュートンの頭の上に落ちたみたいな、少し盛ってるエピソードもたまに見かけます。

そんなエピソードが有名なニュートンに「どうやって万有引力を発見したのか？」と質問した人がいました。「リンゴでアイデアが降りてきた」という神話的回答が欲しかったわけですが、その時のニュートンの答えはリンゴのくだりに全く触れずに、

「ただ、そのことばかりを考えてきたからです」

という意表を突く地味な回答。でもこれがアイデアの本質だと思います。ひらめきは、特殊能力じゃない。少なくともそのことを誰よりも意識し、考えることがダイジということ

を伝えたかったのだと思います。

そもそもアイデアってセンスの良い人、才能のある人限定の「魔法」ではない。この本で紹介する誰にでも伝えることができて、お互いがわくわくするための「思考」の一つです。思考の仕方さえ知っていれば、誰にでも実践できるものなんです。

なんだかそう考えるとアイデアやひらめきに対する、コンプレックスみたいなものがすぅっと消えていきませんか？

4-2

じゃあ、アイデアとは？

リンゴが欲しかったから食べたのではない。
禁じられていたから食べたのだ。

――マーク・トウェイン

既存の何かと何かの組み合わせ

じゃあアイデアってどうやって生まれるの？　クリエイティブと言われる偉人の人たちの答えは共通しています。

「既存の要素の組み合わせ」〜ジェームズ・ヤング
「物事のつながり」〜スティーブ・ジョブズ

「これまでは無関係と思われていたものの間に関係があることを発見すること」～ポアンカレ

無の状態（ゼロ）から全く新しい（イチ）を創造するなんてできません。神様でも魔法使いでもないので。人間がやる創造は、今あるもの（たくさんのイチたち）の中から、「イチ足すイチは二」にとどまらない、全く新しい組み合わせを考えるという思考の作業です。ちなみにクリエイティブの権化みたいな画家パブロ・ピカソはこう言っています。

「子供は誰でも芸術家だ。問題は大人になっても、芸術家でいられるかどうかだ」

そういえば、子供って遊んでいる時は両手にいろんなものを持って、くっつけたりぶつけたりして楽しんでますよね。アイデアを生むのは楽しい思考です。子供は本能的にいろんな組み合わせを模索して遊んでいることを指しているのだと思います。ピカソ、深い。

足し算的にゼロ足すイチはイチの天啓を待ったり、イチ足すイチは二的インクリメンタル思考を繰り返すのではなく、アイデアには**「何かと何かを組み合わせて、全く新しい何かを見つける」**掛け算思考が必要です。

アイデアとは、組み合わせ。

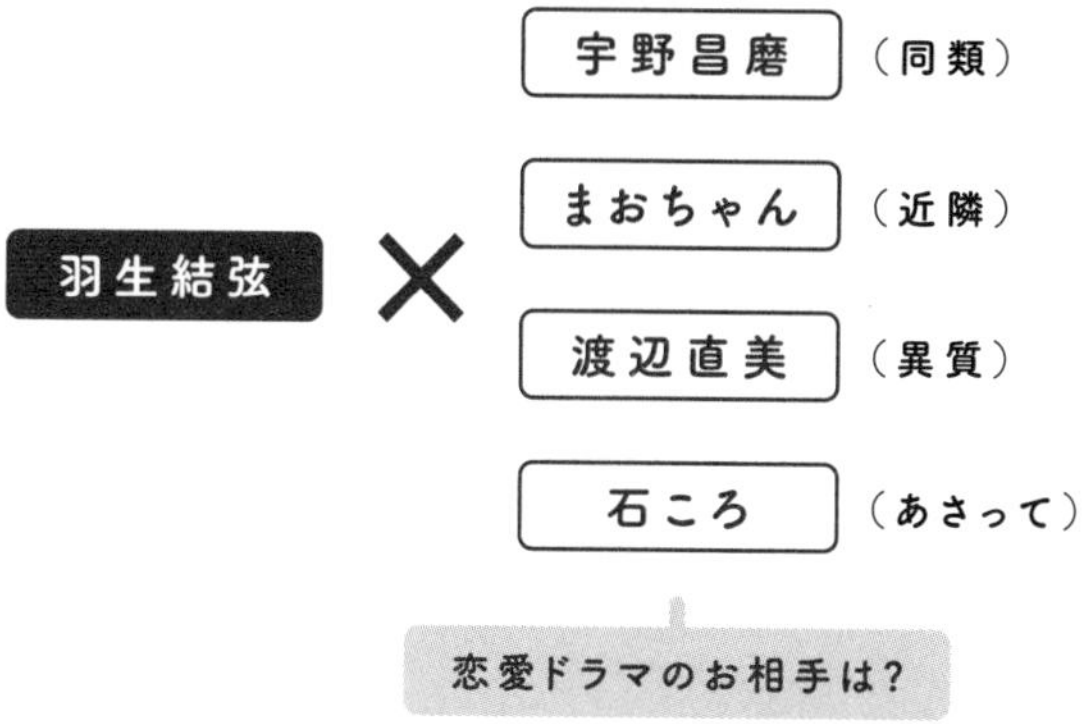

常識をくつがえせ

そして掛け算思考には、「イチ足すイチは二」的な底の浅い組み合わせを禁じるための掟があります。それが、

常識を、くつがえす。

掛け算思考が目指すのはこれに尽きます。アイデアはセンスの良さや芸術性の高さみたいな人よりスゴいことを競うのではない。必ずしも革新的とか先進的とか、技術的に優れている必要もない。とにかく「今の常識を、くつがえす」。これだけです。

21世紀にいち早く生まれた「常識を、くつがえす」アイデアといえば、やっぱりiPhoneですよね。iPhoneを発表するプレゼンで、当時のApple社CEO、スティーブ・ジョブズはこう言いました。


「本日、革命的な新製品を3つ発表します」

「1つ目、ワイド画面タッチ操作の『iPod』」会場、大歓声。

「2つ目、『革命的携帯電話』」会場、またも歓声。

「3つ目、『画期的ネット通信機器』」3つです。会場、ちょっと訝《いぶか》しげにまばらな拍手。

「**iPod、電話、ネット通信機器…。おわかりですね？ 独立した3つの機器ではなく、1つなのです。名前は、iPhone**」。3つが組み合わさった1つのアイデアに気づいた会場は一気に大興奮。今までのスマートフォンの常識をくつがえしたiPhoneも、今までにない組み合わせだったんです。


この有名なプレゼンとiPhoneの登場こそ「常識をくつがえす」掛け算思考的アイデアの代表例。対照的なのは、足し算思考的「携帯電話に〜機能を加えました」というアイデア。携帯電話にカメラ、電子マネーなどなどの機能を付け足すというもの。その結果、携帯電話自体がすごく複雑で使いにくくなってしまう。日本の工業製品にありがちなパターンです。

足し算思考では「常識をくつがえす」思考ができないという限界をそもそもじぶんたちに設けてしまっています。そのため、新しいアイデアを生み出すことを「新しい価値の創造」などとビッグワードで表現しがちです。この「価値」というワード、思考本とかビジネス本でよく目にしますが、実は抽象的すぎてつかみどころがない用語です。

そのため余計に「価値」の概念が神格化されて、「価値」って一握りのデキる人にしか生み出せない、一般人にはできないスゴいものと距離を置いてしまいます。でも、ゼロからイチを生み出すなんて絶対に無理。そんな思考のままではいつまで経ってもアイデアの領域に近づけないのです。

そうなるともはや「常識の範囲内」の思いつきしか生まれません。例えば今までよりも10％性能が良いとか、今までより10％安いとか、今までより機能を10個付け足した。だから前年より10％売上を伸ばす。というAND AND AND AND な積み上げ式で予測可能な発想にとどまってしまいます。スゴいのかもしれませんが、驚きも感動もわくわくもなく、相手も共感してくれません。

掛け算思考がアイデアを生むことができるのは「常識を、くつがえす」を目指せるから。

常識をくつがえすって聞くと自然とわくわくしますよね。そんなことができるならぼくも私も見てみたいと協力したくもなります。実現に向けて期待を高めて周りを味方にすることができる。掛け算思考が生み出すアイデアなら、みんなを巻き込むことができます。

禁じられるからこそやってみたくなる

常識をくつがえす掛け算思考の話をする時、ぼくはいつもある名言をご紹介しています。

それはアダムとイブがリンゴを食べたという、聖書の有名なくだりについての名言です。

「リンゴが欲しかったから食べたのではない。禁じられていたから食べたのだ」

これには深い意味があると思います。人間は「欲しい」という獲得欲求では禁じられたリンゴを食べるほど思い切った行動は取れない。だけど禁じられると破ってみたくなるという欲求に自動的にかられます。It's automaticです。

「常識をくつがえす」でも同じことが起きます。常識ではタブーなことをやるのが「常識をくつがえす」という禁断の行為。だから人間は本能的にわくわくしちゃうんです。

ちなみに旧約聖書では女性のイブが先にリンゴを食べたとされています。ぼくはこれを「常識をくつがえす」行為に最初にわくわくしたのはイブ。だからアイデアを生む掛け算思考は生まれつき、女性のほうが得意なんですよとお伝えしています。

常識をくつがえす禁断の掛け算思考。ちょっとかじってみたいと思いませんか？

「6つの式」で常識をくつがえす

この世に不思議なことなど何もないのだよ、関口君。

――京極夏彦『姑獲鳥《うぶめ》の夏』より

摩訶不思議な能力、ではなくて「数式」

アイデアとは、常識をくつがえす組み合わせ。それだけ。

と言われても、やっぱその組み合わせを思いつくのがスゴいんじゃないの？　そんなの一握りのクリエイターやデザイナーや起業家みたいに限られた人しかできないんじゃない？と思いますよね。ぼくもそう思ってました。いわゆる魔法的なセンスなんじゃないかと。

でも、アイデアを生み出す思考をたくさん勉強してお作法化して、そして、周りのアイデアが豊かな人たちを分析しているとわかったことがあります。ぼくにできそうもないから「魔法」と呼んでいるけど、**そこには法則がある**ということを。

法則を知ってる人が法則に従ってアイデアを出す。法則を知らない人はそのアイデアに対して「なんでそんなこと思いつくの？　不思議」と魔法のように見える。それだけなんじゃないかと。

魔法みたいな素敵な手品は、ネタをバラすと興ざめしちゃいますが、アイデア生み出す思考のネタ明かしはこれからの時代必要です。アイデアについてじぶんも周りもふにおちて、そのアイデアを実現させる味方を増やすことが、アイデア実現の近道だからです。

ということで、そんな素敵なアイデアを生む「掛け算思考」の法則をご紹介したいと思います。掛け算思考だけに、法則も掛け算的数式です。掛け算思考の数式には、3つの基本数式と3つの応用数式の合計6つあります。掛け算には暗算しやすい一桁の掛け算と、筆算が必要となる二桁の掛け算の2種類がありますよね。ちょうどそれに似ています。

まずは3つの基本数式です。

①何かに別の「ナニカ」を掛ける。差別化の数式
②何かに「マイナス」を掛ける。削る数式
③何かに「ヒトケタ」を掛ける。桁を変える数式

そして、上級編の応用数式です。

④何かに「お絵かき」を掛ける。イメージ化の数式
⑤何かに「別ワールド」を掛ける。例える数式
⑥何かに「仮想敵」を掛ける。革命の数式

順にご説明していきましょう。

基本の3つの数式

①何か×「ナニカ」　差別化の数式

掛け算思考の基本形の数式。何かと別のナニカの意外な組み合わせで、全く新しいアイデアを生む数式です。よくぼくは「コーヒー」に「炭酸水」という、今まで存在しない組み合わせから、全く新しいドリンクが誕生する、という例えを使って説明します。あるいは、今までになかったメンバーの組み合わせで新しいチームを生み出すのもこの数式です。

②何か×「マイナス」　削る数式

何か一つのものから、あって当然な部品や機能など一部のパーツを削って、常識をくつがえす新製品、新サービスというアイデアを生む数式です。例えば：iPhoneは、従来のスマートフォンでは当たり前に存在してたキーボードやスタイラスを、えーい！こんなもの！と削って考えた結果、指で画面を直接タップするという直感的でわかりやすい、全く新しい入力方法を生み出しました。

③ 何か×「ヒトケタ」 桁を変える数式

大きさや性能、あるいは価格や売上・利益などの数値について、一桁上げたり下げたりして常識をくつがえす新機軸のアイデアを生む数式です。SSDと呼ばれるコンピューターの記憶装置はヒトケタの数式の代表例。SSDが誕生した頃の記憶装置の使い道はパソコン。ところが主流のハードディスクドライブ（HDD）に比べて容量のコスパでかないません。

そこで、大きさも容量もHDDよりヒトケタ小さくしたら?と考えた人たちがいました。すると記憶装置の使い道に新機軸が誕生したんです。パソコンより桁違いに小さいiPod shuffleみたいな小型モバイル・ミュージックプレーヤーにSSDを使うという新機軸が生まれてSSDが一気に普及し、記憶装置のシェアを逆転しました。

以上の3つが基本数式です。何かにナニカを掛けたり、削ったり、ケタを変えたり。何かそのものの常識をくつがえす組み合わせを見つける数式です。

巷では、これに似て非なる足し算思考的数式で、残念なアイデアを考えるパターンをよく見かけます。それが「機能追加」です。コーヒーに炭酸水という全く別の組み合わせが掛け算思考の数式ですが、足し算思考だとコーヒーに健康に良い成分を追加したり、「トクホ認証」を追加したり、常識の範囲内のアイデアになってしまうのです。

応用の3つの数式

さて。そして残り3つの応用数式は、あるものにちょっと違う「見方」や「考え方」を組み合わせる掛け算思考です。

④何か×「お絵かき」　イメージ化の数式

じぶんの想いやみんなとの話し合いの内容を、とりあえず絵で表現してみる。という数式です。絵が上手でなくてもマンガみたいな絵でも大丈夫。絵じゃなくてジェスチャーもOKです。ぼくは「はたらく女性のかていきょうし」で個人向けお仕事コンサルをする時は必ず、ご相談内容をiPad上で手書きの絵に整理します。お話が視覚的にまとまるのでかてきょを受けた本人が「あ、こういうことだったんだ！」と、具体的にイメージできます。しかも絵は文字やパワポのオブジェクトよりも自由な発想を呼びやすい効果もあります。

⑤何か×「別ワールド」　例える数式

難しい考え方や理論を、みんなが知っている物語や日常生活の出来事に置き換えて考える。全く新しいアイデアのヒントとして大活躍する数式です。例えば子供に難しいことを説明する時、漫画とか童話の世界に置き換えて説明しますよね。それで子供はイメージしやすくなるし、漫画・童話みたいな別ワールドに置き換えた結果、新しい発想が生まれます。何か別のものに例えてツッコミを入れるお笑い芸人さんたちは、まさにこの数式の使い手と言えるでしょう。

⑥何か×「仮想敵」　革命の数式

掛け算思考の総仕上げ、究極の数式です。掛け算思考を用いて考えた新しいアイデアを言語化・コンセプト化する時に使います。会社の中でアイデアに賛同してくれる味方を増やし、そして会社の外のユーザーや顧客も共感して使ってくれるための最終兵器。究極奥義のため、詳しくは後のセクションでご紹介します。

足し算思考では、違った見方や考え方を掛け合わせる上級掛け算はちょっとお手上げです。足し算思考で別の見方をするといえば、アイドルグループの北海道版、九州版、タイ版とか、テクノロジーを他の業界にも応用とか、人気ブランドのロゴやキャラクターの絵を他領域の商品にも使うといった「横展開」思考があります。ところが横展開は今売れてる・流行ってるから他にも広めましょうという、ＡＮＤＡＮＤの発想。全く新しいアイデアを生み出して広める領域には至りません。やはり掛け算思考の出番です。

魔法みたいな「アイデアの生み出し方」とは、私にもぼくにもできる組み合わせの掛け算だったんだ！

みなさんがそう思えて、アイデアを出すことへの抵抗感が少しでも消えてくれると嬉しいです。次のセクションから実際に掛け算思考の数式を使った事例をご紹介します。事例を通して、アイデアを生む掛け算のお作法をもっともっと身近に感じられると思います。

基本数式3つはこう使う

美しい女性を口説こうと思った時、ライバルの男がバラの花を10本贈ったら、君は15本贈るかい？　そう思った時点で君の負けだ。

――スティーブ・ジョブズ

掛け算思考の基本数式とは次の3つの数式でした。

①何か×「ナニカ」。新しい組み合わせを考える差別化の数式
②何か×「マイナス」。あって当然を削って新しい商品・サービスを考える削る数式
③何か×「ヒトケタ」。大きさ、性能、値段など数値を一桁変えて新機軸を考える桁を変える数式

このセクションでは、それぞれの基本数式を使った事例をご紹介したいと思います。

1 何か×「ナニカ」で差別化　うんちく料理教室

もし私がすべてのルールを守ってたら、成功なんてしていなかったでしょうね。

――マリリン・モンロー

何かと全く別の「ナニカ」の新しい組み合わせで生まれたアイデアといえば、はたらく女性のかていきょうしでマーケティング戦略の相談にいらした、女性料理家さんを思い出します。彼女は独立して料理教室を開く予定でしたが、有象無象の料理教室の中でどう差別化できるのか模索中でした。

彼女は料理を美味しく作る方法を科学的・数学的に把握されているのが特徴。どちらかというと男性が好むアプローチですよね。だから彼女のお料理解説は、男性のぼくが聞いていても「なるほど！」と知的好奇心をくすぐられておもしろい。こういう料理のうんちく知識を持っていたら、さぞかし自慢したい男性は多いだろうなと思えました。その時、ぼくの頭

の中にお料理と異質のナニカを掛け合わせる数式が浮かんだんです。それは、

料理×うんちく

というお料理教室の常識をくつがえす組み合わせ。料理教室の受講生の多くは女性です。うんちくは男性にとっては披露して自慢したい反面、女性にとっては聞いててめんどくさい不向きな情報であることも多い。

でももし、デキる男性（やや理屈っぽい）をターゲットにした料理教室なら？　例えばこの美味しいピクルスができ上がるにはコレコレこういう背景があるんですという彼女の「うんちく」は、男性にとって美味しい料理が作れるアピールに加えて「うんちく」も披露できます。デキる男性にとっては自尊心をくすぐられるという嬉しい体験倍増です。きっと男性ウケするぞと、ぼくの頭の中で数式が踊っていました。

うんちくを語れるお料理教室。

意外な何かを組み合わせて、起業。

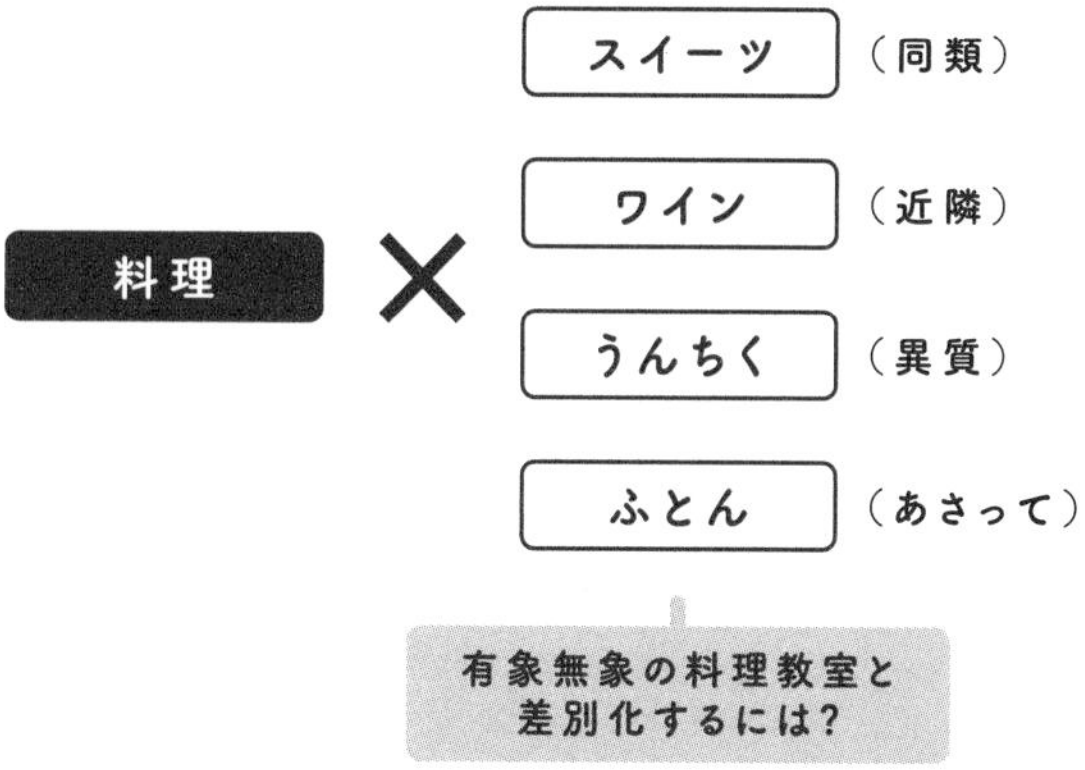

という、お料理教室の常識をくつがえすアイデアをご提案すると、彼女はわくわくして大賛成。

さっそく行動に移した彼女の新しいスタイルのお料理教室のファンになった生徒さんも多いようです。今も順調に教室を続けていらっしゃいます。彼女のアイデアに共感した「お客様」という味方が確実に増えているということだと思います。

普通その組み合わせはないでしょう？という常識をくつがえす**意外な組み合わせ**をちょっと考えてみてください。意外であればあるほど、破壊力抜群のアイデアが生まれます。

2

何か×「マイナス」で削る　ブラジャーいろいろ

出かける前に、何かひとつ外したら、あなたの美しさは完璧になる。

――ココ・シャネル

何かにマイナスを掛ける。何かから「当然あるでしょう」というパーツを削って新しいモノを創造する。ぼくは新卒で入った会社が扱っていた商品を通して、削る数式が起こしたイノベーションをたくさんを目の当たりにしました。その商品とは?

ブラジャーです。女性の。

ブラジャーを脱ぐ。という意味ではありません。あしからず。ぼくは新卒で婦人肌着の製造販売を行う外資系企業に就職しました。ブラジャーは歴史が古いですが、削る数式で数々のイノベーションを生んでるんです。

何かを削って、ヒット商品を考える。

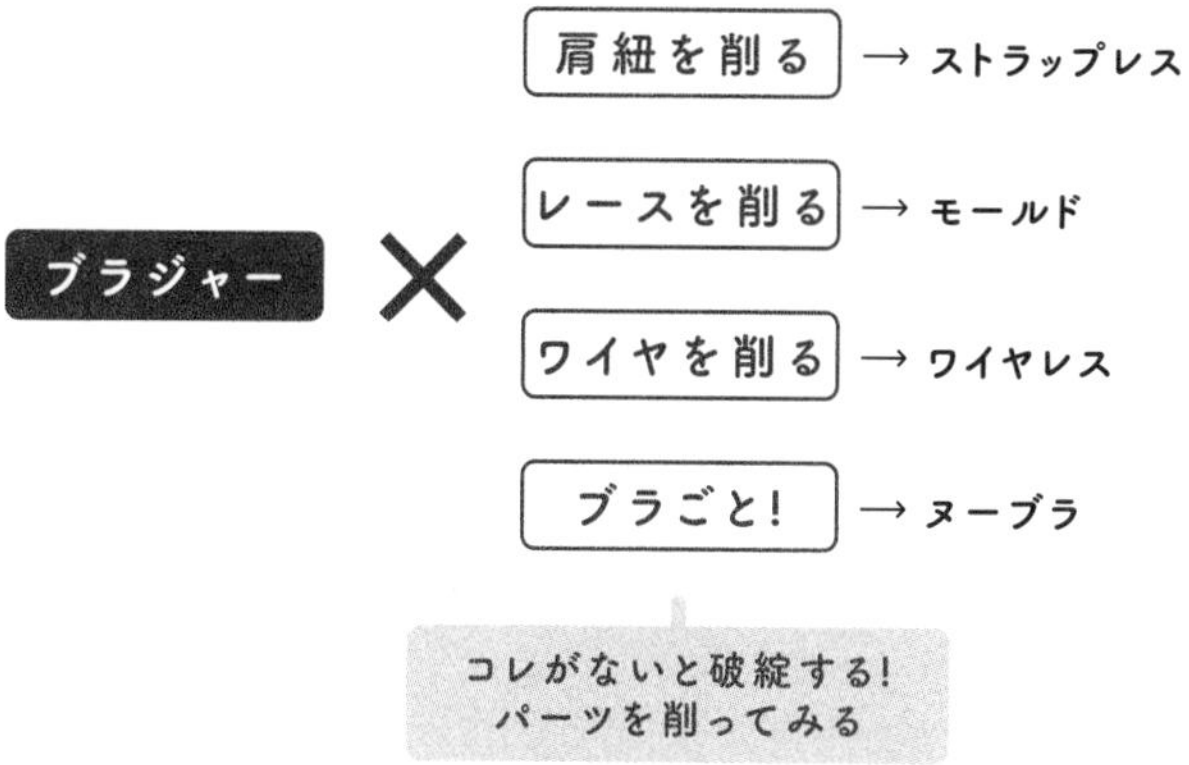

ブラジャーに「当然あるでしょう」というパーツといえば?

肩紐、レース、ワイヤー、後ろのホックなどなど思いつきますよね。実はこれらのものを「削る」ことで、新機軸のブラジャーが生まれてきたんです。

例えばブラの肩紐を削って生まれたのが「ストラップレス・ブラ」。肩紐がないから、首元が大きく開いた洋服でもブラの肩紐が見えちゃうことがないという画期的な商品です。

ブラなら当然あるでしょ的存在、美しいレースを削ったのが「シームレス・ブラ」。ブラの泣きどころはTシャツみたいにピタッとした服だと透けて見えてしまうこと。シームレスブラはブラからレースを一切なくして、ついでに縫い目もなくして、つるつるに変身。Tシャツでも透けずに安心な、夏のファッションの強い味方ブラという新カテゴリーが誕生しました。

ブラからワイヤーを削って着心地を優先したブラジャーや、後ろのホックを削ったフロントホック・ブラみたいなつけやすさを追求したアイデアも生まれています。

究極は「ブラからブラそのものを削る」数式。この数式から生まれたのは「ヌーブラ」。もうブラジャーは着用しないで、胸にシール付きのパッドだけをあてる。ファッションの自由度を大幅に広げた究極のイノベーションです。

何かから、ナニカを削る。この数式も常識をくつがえすアイデアが作動しやすいことに納得していただけたかと思います。つまるところ、**何かを「足す」ばかりがアイデアではないということ**。実はこれって意外と盲点のような気がしています。

みなさんのお勤め先が扱う商品やサービスも、ぜひ「削る」数式を使って考えてみてください。きっとみんなが「いいね」と味方になって商品化したくなる、新しいアイデアが生まれるはずです。

3 何か×「ヒトケタ」で桁を変える　盛大なガラ・イベント

思考のスケールが小さいと、その人自身も小さいままで終わってしまう。
——レイ・クロック

何かにヒトケタを掛けて、性能や価格、売上目標などを一桁上げたり、一桁下げたりして大きく発想を転換。新機軸なアイデアを生み出すのが桁を変える数式です。

この数式でまず思い出すのが、子供に教育の機会を提供するグローバルNPOで働く、かてきょ女子のことです。このNPOは一晩でたくさんの寄付を集める、豪華でセレブな寄付パーティー「ガラ」で有名です。でも日本ではそういう高額寄付の文化が浸透していません。数年前の日本では、寄付といえば路上の募金箱にコインを入れるくらいが常識。一晩で高額寄付を集めるパーティー自体が、日本の常識では「絶対ムリ」と考えられていました。
そんな日本の環境にもかかわらず、彼女は「東京のガラ・イベントで、一夜で桁違いの1億円の寄付を集める！」という目標を掲げました。もっと現実的な目標にしようという周りの声もありましたが、彼女は1億円の目標を掲げ続け、影響力や発言力のある企業や一流のプロフェッショナルを訪れて協力を呼びかけました。

「私一人にできることは限られてます。だから想いを伝えてとにかくお願いするんです」
と謙虚に語る彼女ですが、その後に続く1億円の桁違い数式が生んだ発想が強力です。

「ただし、一夜で1億円集める常識をくつがえす豪華寄付イベントだからこそ、こちらから提供できるいいこともお伝えします。まずは一流の人たちが集まる1億円の寄付パーティーという魅力的な『**場**』への参加。そして協力や寄付を通して社会貢献する実感を得る『**特別な体験**』。さらに一流の人たちと触れ合い新しいつながりに発展する『**特別なチャンス**』。お金じゃ絶対に買えない、特別な機会を提供しますとお伝えしてます」

桁を変えたら？　量を倍や半分にしたら？

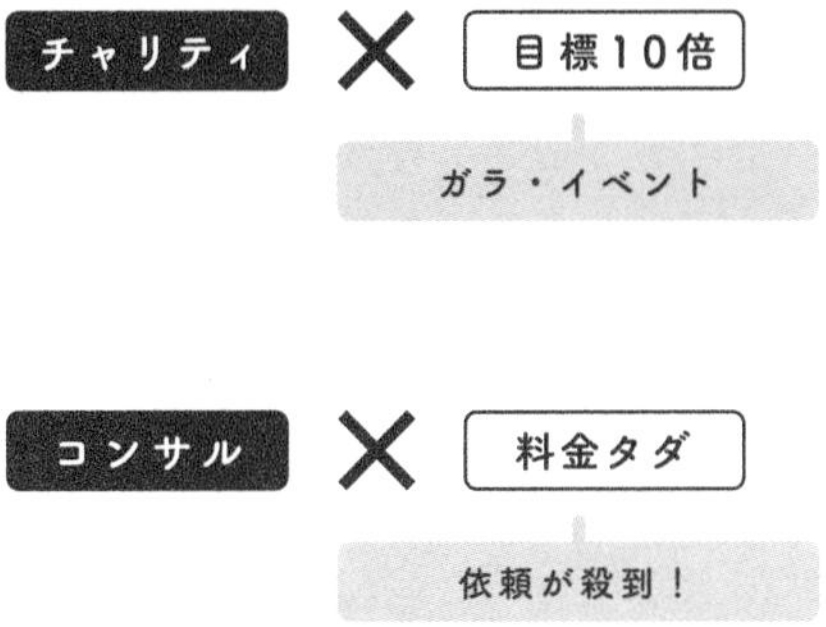

彼女の1億円のアイデアはキセキのような結果をもたらしました。彼女の呼びかけに応えて手を上げた一流の料理人やプロフェッショナルや企業が急増。寄付をしてくれる富裕層の参加者も増加。ついに日本では珍しい「一夜で寄付総額1億円超え」のイベントが誕生したんです。

一桁目標を上げたからこそのアイデアが生まれて、アイデアに共鳴する味方が増えて、その結果、想いがカタチになるという、一桁変える数式の代表例だと思います。

実は、ぼくも桁を変える数式を「はたらく女性のかていきょうし」に使っています。かてきょという個人コンサルのスキルと実績を高めるには、とにかく場数を踏んで圧倒的な数の経験を積むことが重要と思ったぼくは、なんと「かてきょ」の料金を無料にしちゃいました。GoogleやFacebookみたいに、無料にして利用回数が増えたら何かイイことあるはず♪と思って始めたんです。

そうすると、相談の依頼が急増。しかもかてきょを受けた人が「良かったよ」と気軽に口コミで友だちに紹介してくれるという相乗効果も生まれました。その結果、体験者×口コミ数の掛け算ペースで依頼が殺到し、かてきょの予約が4ヵ月待ちという嬉しい悲鳴状態に。それを口コミで知ったいくつかの企業やメディアが興味を持ってお声がけいただくことにもなりました。価格の桁を下げるというアイデアが生んだ一例だと思います。

目標や価格や性能の桁を上げたり下げたりする。数字の観点から大きく常識をくつがえすこの数式の効果は絶大です。全く新しいマーケティングのアイデアが生まれやすいし、ひとたび共感してもらえたら、社内も顧客も味方になりやすい数式です。ぜひ職場で試していただけると嬉しいです。

4-5

応用数式3つはこう使う

一見して馬鹿げていないアイデアは、見込みがない。

――アルベルト・アインシュタイン

このセクションは掛け算思考のお作法、応用数式の事例を紹介します。応用数式とは次の④、⑤、⑥の3つです。前のセクションで事例をご紹介した基本数式は何かとナニカを組み合わせるシンプルな数式でしたが、後半の3つの応用数式は何かと、別の見方・考え方を組み合わせてアイデアをよりわくわくさせる数式です。

④何か×「お絵かき」。イメージ化の数式
⑤何か×「別ワールド」。例える数式
⑥何か×「仮想敵」。革命の数式

さっそく順に見ていきましょう。

4

何か×「お絵かき」でイメージ化　表現するための英語塾

アイデアを伝えるには絵がいい。コンピューターではなく、ナプキンを使おう。紙ナプキンの裏にスケッチしたアイデアが大成功につながったりするのだ。

——カーマイン・ガロ

ぼくが、はたらく女性のかていきょうしで絶対に欠かさない鉄板作業があります。それは、かてきょ女子・男子のご相談をまとめたり、解決策のアイデアを説明する時に必ず、相棒のiPadに手書きの絵でまとめることです。あるいは一枚の写真や動画の場合もあります。とにかく即興でイメージ化してお伝えするんです。

正直、ぼくの絵の実力は周りから苦笑されるくらい下手です。でも、とにかくイメージ化するとその人の想いがカタチになります。本人も周りもアイデアが一瞬で共有できて、共感してくれる味方が増える。さらに一枚の絵を出発点にしてやりたいことの実現がぐいぐい加速しやすくなるんです。そんな事例の一つをご紹介します。

2020年オリンピックの開催地が東京に決まってしばらく経った頃でした。かてきょを受けた女性の口コミで受講される方が多いのはかてきょあるあるの一つですが、彼女もかてきょ女子のお友だちから勧められていらっしゃいました。

「結婚出産後も会社に勤めて働いてきましたが、子供が物心ついてきたので『こういう人になってほしい』というのを、私の背中で見せられるようにしたいんです」

と、起業を決意された彼女のご相談内容は、ご本人の強みの一つでもあり大好きな「英語」を活かしたやり方を見つけたい、です。彼女の想いを聞いて胸がアツくなっちゃったのを今でも覚えてます。

「例えば子供向けの英会話教室とか興味はあるんですが、一般的な英会話教室のやり方はちょっと違う気がするんです」

どの辺が違うと思うんですか？

「一般的な英会話教室って、英会話ができるようになることを強調してる気がするんです。でも私、じぶんのことを振り返って思ったんです。英会話ができるようになりたいから英語を始めたんじゃないなぁって」

英語に興味を持ったのは、何がきっかけだったんですか？

（にっこり笑って）「ビートルズです♪ いつも聴いてたビートルズの歌がカッコよくて、私もおんなじように歌ってみたいと思って英語を勉強したんです」

素敵です！ 確かに子供は、英会話ができるとか英語スキルが身につくというモチベーションで英語を始めないですよね。カッコいいとか素敵と思うものを真似したいところから始まりますよね。

「そうなんです。でもじゃあ具体的にどんなプログラムにしたらいいかがわからなくて…」

お絵かきや動画で、アイデアが加速！

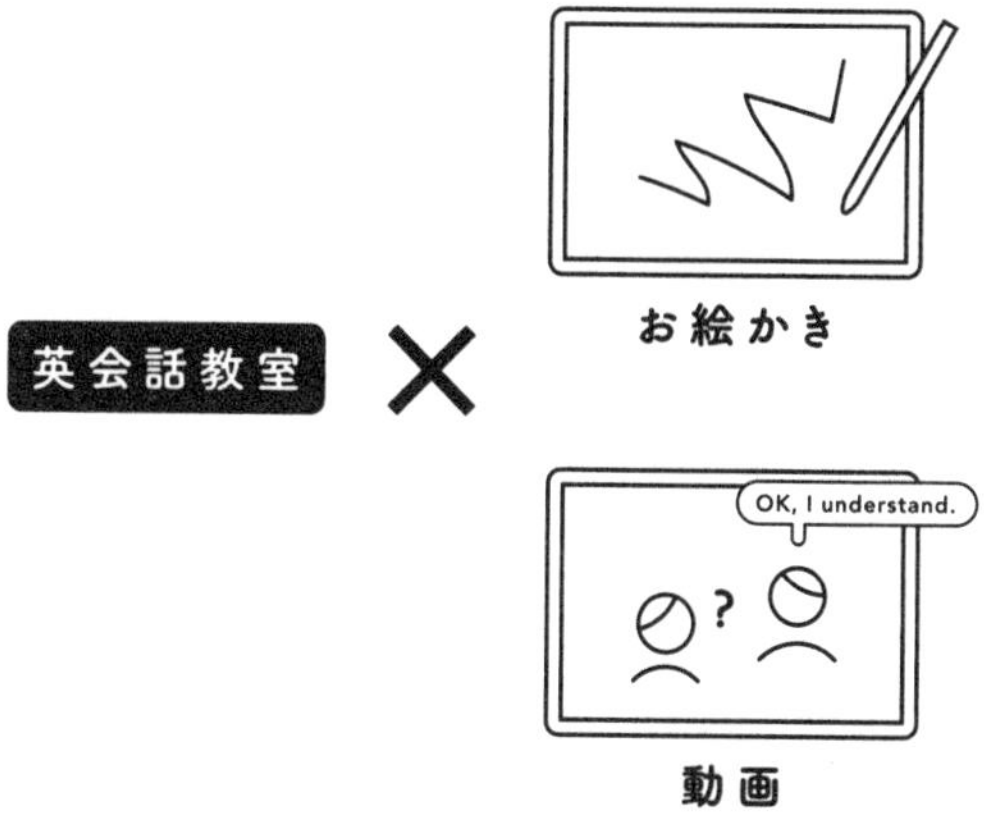

と伺ったところで、ぼくの頭の中で掛け算思考「イメージ化の数式」を発動。細かいプログラムの内容とか理論を考えるよりも、ここはまずイメージ化から始めました。

彼女の素敵な英語への想いにイメージを掛け合わせると「そう、それそれ！」みたいにアイデアが加速するぞ、これは。と思ったわけです。

イメージ化の数式を使って、ぼくも子供の頃を思い出してiPadに描いたのが…**女の子と男の子の絵**でした。女の子はマイクを持って楽しそうに歌ってる。男の子は手作りのアイマスクとマントをつけてヒーローの真似をしてる。そんな絵です。下手ですが（笑）。

その一枚を彼女に見せて、こう聞いてみました。大好きな英語の歌のワンフレーズを、英語で歌う。憧れのヒーローの決めシーンを、英語でやる。やりたいことって「英語で会話」じゃなくて、子供が「英語で表現」できるプログラムなんじゃないでしょうか。

「**そうこれです**（**涙**）**！** 英会話教室だと単語とか発音とか文法とかを意識してしまうんです。それも大事なんですけど、もっと英語を使って表現する『アウトプットする勇気』みたいなものを子供たちに身につけてもらいたいんです。なんかすごくプログラムのイメージがわいてきました！」

アイデアを見つけて涙ぐみながら喜ぶ彼女。そこにイメージ化数式の高等テクを使ってある「動画」もお見せしました。その動画とはサッカーのスーパースター、クリスチアーノ・ロナウド選手が来日時のイベント動画。サッカー好きの日本の小学生が、用意したメモを読みながら片言のポルトガル語で憧れのロナウドに質問をするシーンです。

片言で話す男の子。真剣に聞いて質問に答えるロナウド選手。それを見て会場にいる日本人の大人たちは、声を上げて笑っています。たぶん一人もポルトガル語がわからないと思いますが、笑っている日本人の大人たちに気づいたロナウド選手が一言「なんで笑ってるの？ 彼すごく上手にポルトガル語しゃべってるじゃん？」と神対応する動画です。

〇〇さんが目指すのは、例えば東京オリンピックが来る前に、こんな表現する勇気を持った子供が一人でも増えることですかね。と話したのを今でも覚えています。もう二人の間ではイメージがクリアで、わくわく感も急上昇。イメージが明確になった彼女はさっそくオリジナルの英語プログラムを立ち上げました。今ではママ友たちの間で人気だそうです。

絵の上手下手は関係ない。会話の内容や、頭の中で考えたことを、落書きでもいいから絵にまとめてみる。実はできるクリエイターたちにとっては創造の鉄則だったりします。目の前のパソコンを閉じて、一枚の紙に手書きで絵を描いてみる。そこからいろんなアイデアが生まれてくると思います。イメージ化の数式、ぜひ試してみてください。

5

何か×「別ワールド」で例える　RPAの導入

熱いストーブに1分間手を乗せると1時間くらいに感じられるでしょう。ところが、可愛い女の子の隣に1時間座っているとたった1分に感じられます。それが相対性理論というものです。

――アルベルト・アインシュタイン

「ものに例える」というアイデアは、大昔から人間に伝わる「思考のお作法」ですね。例え話で意味を伝えやすくするのが、諺《ことわざ》。倫理的な教訓や、後世に伝えたいメッセージをわかりやすく物語に例えて伝えるのが、童話。

ぼくも、仕事では例え話を多用します。例えばここ数年、働き方改革を背景に普及しているＲＰＡ（Robotic Processing Automation）というシステム導入を検討する時は例え話を使うのが効果的です。

ＲＰＡって簡単に言うと「ロボット」と呼ばれる、人間がパソコン上で行うシステム操作を

別の何かに例えると、モンダイがぐんと具体的に。

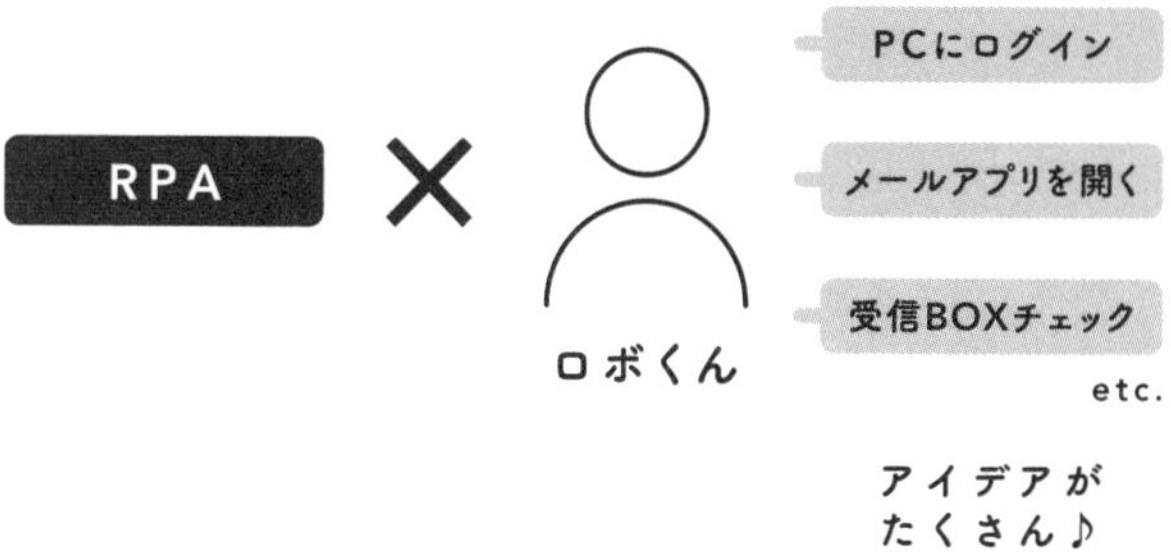

覚えて、代わりに自動実行してくれる「マクロ」みたいなアプリのこと。このアプリに、人が行うどんな操作を自動で実行してもらうかを考えて洗い出す作業が必要になります。

足し算思考だと漠然と「入力作業の自動化」とか「集計作業の自動化」みたいな具体性に欠ける作業を指折り数えるだけになりがちで、実際にＲＰＡを入れても「あ、検討漏れがあって業務が回らない…」というケースをよく見かけます。

ぼくはシステムやＲＰＡを入れるご相談の時は、そのシステムに**名前を付けます**。ＲＰＡなら「ロボくん」みたいに人に例えるんです。そうするとロボくんはまず、パソコンにログインして、メールアプリを開いて受信ボックスをチェックして、アプリを開いて、「新規作成」を選択して……と**勝手にすらすらと自動実行したい業務のアイデアが生まれていきます。**

また例えを使って生まれたアイデアは、例え話を使って説明をすると周りも理解しやすくなります。アイデアを広めて味方を増やす効果も大きいんです。

ちなみにこの本も例えをたくさん使っています。思考を四則演算に例えたり、割り算思考は茶道のお作法に例えたり、引き算思考は美ボディ化に例えたり、そして掛け算思考は何かと何かの組み合わせに例えています。かてきょで作っているコンテンツのほぼすべてが「例え」と言っても過言ではありません。

例えで説明したほうが、馴染みのある文脈に置き換えて理解できるので納得しやすいし、その文脈に沿って新しいアイデアが生まれやすくなります。難しいことを擬人化したり、日常生活に置き換えたり、みんなが知ってる物語に置き換える例えの数式、ぜひ試してみてください。

6

何か×「仮想敵」で革命　ほったらかし子育てメソッド

クレージーな人たちがいる。反逆者、厄介者と呼ばれる人たち。四角い穴に丸い杭を打ち込むように物事をまるで違う目で見る人たち。彼らは規則を嫌う。彼らは現状を肯定しない。彼らの言葉に心を打たれる人がいる。反対する人も、賞賛する人も、けなす人もいる。しかし、彼らを無視することは、誰にもできない。なぜなら、彼らは物事を変えたからだ。彼らは人間を前進させた。

――Apple CMより

アイデアを生む掛け算思考、最後は究極の数式「革命の数式」です。革命!?なんか大層なタイトルですね。いったいどうゆうアイデアなの?と思われるかもしれませんが、この数式こそ、思いついた考えをみんなの心を動かすカタチにして、一気に実現のための味方を増やすことができます。革命の数式を使ってじぶんの想いをわくわくするカタチにまとめた、あるかてきょ女子のことを思い出します。

まずは、当時仕事を辞めて子育て中だった彼女が、はたらく女性のかてきょを受けた理由からです。

「子供たちはお受験塾に行きませんでしたが、小学校受験に合格し、その後もすくすく育っています。そんな私の独自の子育て経験を活かして何かを始めてみたいんです」

そんな彼女に子育て経験のお話を伺うことから、そのかてきょは始まりました。

「受験勉強とか、家庭での幼児教育って、親がちゃんと子供に教えてあげたり、習い事をさせてあげたりするイメージが強いと思うんです。でも、そういう『ちゃんとした』教育って子供の立場で考えたら無理やりやらされてる感が強くて続かないですよね。それに私たち親のほうも、子供たちへの勉強してほしい・賢くなってほしいって気持ちが強くなりすぎて、私たちのほうがどんどん子供に依存しちゃうと思うんです」

なるほど！　確かにそうですね。みんなが「ちゃんとした」と信じてる教育法だと、子供にかまいすぎて、子供も親も自立できづらくなるんですね…。深い。

「そうなんです。いわゆる『ちゃんとした』教育って、子供も親も、お互いに自主性がなくなっちゃうんじゃないかと思うんです」

子供も親も、かまってばっかりじゃダメなのかもですね。それで、どんな教育をお子さんにされてたんですか？

「私から教えないようにしました」

？？？

「育児放棄じゃないですよ（笑）。私からは一方的に教えないようにしたんです。勉強しなさいと言うのも封印しました。その代わり、子供たちが勝手に算数や歴史に興味を持ってもらえるような工夫をしたんです」

すごい！　どんな工夫ですか？

「歴史上の人物をカードに一枚一枚描いてカードゲーム風にしたり、算数の問題を私がおもしろそうにやってみたり。子供たちがじぶんもやってみよう、真似してみようって自主的に行動したくなる環境づくりを続けたんです」

母親である彼女からは絶対に教えない。代わりに子供たちが自主的に学びたくなる仕組みをつくる。その結果、お子さんたちが自らすくすく育って成績も上がる。いやいやスゴいですね。わくわくしちゃいます！　ぜひコレをメソッドにしてセミナーなど行ってみてはどうですか？　お子さんはもちろん、家庭教育に悩む親御さんも受けたくなると思いますよ。

彼女のメソッドが革命的でエッジが立ってることを際立たせるため、ぼくの頭の中で、彼女の革命のかたき役（仮想敵）に「ちゃんとした教育という常識」を組み合わせ、iPadに描いたアイデアが、

せんりゃく的にほったらかす、教育メソッド。

革命の数式のコツは、ジャンヌ・ダルクやスティーブ・ジョブズのような反逆児の気持ち

仮想敵と組み合わせて、革命的なアイデア。

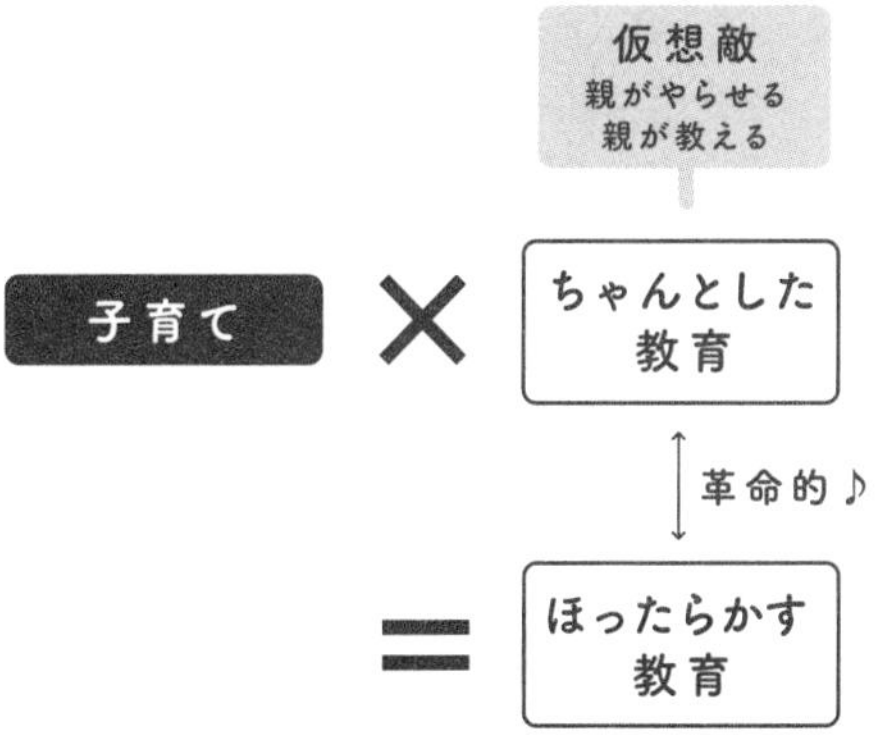

になること。そして世間の常識にモノ申す！常識を大きく変える！くらいの意気込みで、**大きく逆サイドまで振りきったアイデアを考える**。今までの教育に一石投じる、出し抜くくらいの勢いで、あえて逆説的なネーミングをご提案しました。

iPadを見た彼女はきらきらした笑顔で「あえてほったらかすを肯定的に、しかもせんりゃく的というのがイイですね、わくわくします」と気に入ってくださいました。

その後彼女はさっそくオリジナルの教育メソッドをつくり上げ、活動を開始。今ではなんと会社を立ち上げて、子供にも、子供を持つ大人にも人気のセミナーをたくさん開催されています。企業からも依頼があるくらいの人気です。子供の教育も社員教育も共通して、これまでの詰め込み教育でいいの?と思っていた、多くの人たちの心に響いたんだと思います。

彼女の人柄やメソッドが素晴らしいのは言うまでもないのですが、何かを始めてみたいという強い想いとそれまでの子育て経験が素晴らしい結果につながったのだと思います。常識にモノ申す「革命」というエッジのきいたスパイスで際立った結果、受けたい!と思ってくれる、協力してくれる味方がどんどん増えていきました。

やりたいことがある。アイデアもある。だけど一緒に動いてくれる味方が少ない。そんな時は常識をとことんくつがえす、革命の構図を思い描いてみてください。みんなが一瞬で共感して味方になってくれるきっかけが生まれます。

4-6

掛け算思考・まとめ

一生懸命に練習することも大事だけど、もっと大事なことがある。自分を信じることだ。

――『ハリー・ポッター』より

アイデアとは、既存のものと既存のものの組み合わせ。ゼロからイチを生み出す選ばれし者だけの魔法的能力じゃない。

組み合わせる方法は、常識をくつがえすという結果をもたらす6つの掛け算。魔法みたいなセンスじゃない。

この章でお伝えした数式を使うのに難しい理論も高度なテクニックもいりません。ご紹介した数式を使った事例に登場した方々も、アイデアの専門家ではありません。みなさんと同じ普通の働く人たちです。

最初のうちは、数式がうまく発動しないかもしれませんが、大丈夫。必ず使っているうちに慣れていきます。素敵なアイデアを生み出すのってこうやってやるんだ！って自信を持っていただけると思います。

それよりも、もっとダイジなのは「私にも、できる気がする」とさっそくお作法を実践していただくことです。きっとその時、ひらめきが訪れますよ。

第5章

わくわく思考の達人になる！習慣

小さいことを積み重ねるのが、とんでもないところへ行くただひとつの道。

―― イチロー

5-1

「努力」や「根性」では身につかない

私たちの生活はすべて、習慣の集まりにすぎない。
——ウィリアム・ジェームズ

ルーティンがもたらす3つの効果

新しい時代になりダイジなことは変わってきました。

価値観の違う人たちと新しい問題を解決したり、やりたいことを実現することがよりダイジになってきました。これまでのマッチョで競争主義的な、誰よりもスゴく賢くなる思考法から、想いを実現するために味方を増やす新しい思考のお作法が必要。

そのために役立つ「3つの数式」の思考のお作法をご紹介しました。なるほどと納得して て、興味を持って、わくわくしていただけると嬉しいです。

最後の章は、この思考を身につけて、さらに磨きをかけていくためのお作法をご紹介したいと思います。そのお作法とはずばり、

「習慣」です。

原価積み上げ的な足し算思考だと、日々怠らない「努力」や「練習」、ひょっとすると血のにじむような「根性」や「特訓」が必要なのでは？と考えてしまいがち。でもこの本では、それよりももっと効果的な方法として「習慣」をイチオシしたいと思います。

人間の行動や意思決定って、もちろん意識してやってるはず。と信じたくなりますが、実は大半があまり考えていない習慣的な反応だったという研究結果があります。人間の脳みそというか意志力や注意力ってけっこう疲れやすいそうです。

普段の移動とか毎日やってる作業は、機械に例えると「自動処理」化して脳が考え疲れしないようにすることができます。自動車の自動運転みたいに、わざわざ人間が考える必要がないことって割と多いんです。人間の脳みそは、通常オペレーションを「習慣」として自動処理して、本当に集中して意識して考えるべきことに絞り込むことを本能的にやってるそうです。脳ってすごいですね。

ということは、意志や集中が必要な「努力」や「練習」をたくさんやって脳を疲弊させるより、思考のお作法そのものを習慣づけしちゃったほうが効率的。そういえば、スポーツのトッププレーヤーや仕事のデキる人たちのコメントでよくこんな言葉を耳にします。

ルーティン。

ルーティンとは、あらかじめ決めておいた手順で行う行動、作業、日課のこと。優秀なプレーヤーほどルーティンを設けているようです。ルーティンには主に次の3つの効果があると思います。

①気持ちUP効果：気持ちを集中させたりテンションを高めたりする。
②チェックシート効果：どんな状況でも正しい作業ができるように、注意すべきことを思い出させる。
③根性フリー効果：コンディションやパフォーマンスを上げるために必要な作業を、強い意志がなくても自動的に継続できる。

例えば、スポーツのトッププレーヤーでイメージしやすいのが、①気持ちUP効果と②チェックシート効果だと思います。ぼくの同世代にはメジャーリーグのレジェンド、イチローがいますが、彼が打席に入り、構えるまでの一連のお決まりの所作は有名ですよね。あのルーティンによって一球ごとに集中を高めて、体に覚えさせたスイングを確実に再現できるようにしていたんです。

ぼくがテレビ中継やニュースで見たのは、プレー中のルーティンですが、プレー時間以外の日常にも、イチローのダイジなルーティンがありました。試合の前後に行う準備とケア、そして日常で繰り返すトレーニングや食事なども決まったルーティンがあったそうです。これらのプレー以外のルーティンで③根性フリー効果を高めていたからこそ、歴史に残るプレーヤーになったんだと思います。

もちろんスポーツもビジネスも、一流の人たちは人には見せない相当量の努力があると思います。ぼくも可能であれば真似したいのですが、想像を絶するような努力を継続できない自信が１００％です。みなさんの多くもそうなのでは。であれば、逆立ちしてもあんな努力真似っこできないと諦めるより、一流の人が実践してる「習慣づけ」という仕組みや工夫を真似てみるのが、パフォーマンスやコンディションを上げる近道だと思います。

味方を増やして何かおもしろいことをやりたい、と考えているみなさんに、血と汗と涙の根性論は似合いません。わくわく楽しく身につける「習慣」を、この章ではご紹介したいと思います。

5-2

習慣も、数式です

人類最大の発明は複利です。

――アルベルト・アインシュタイン

「べき算」で学習効果がぐんぐん上がる

で、もっとわくわくできる思考が身につく習慣って、何ですか？

前のセクションを読み終わり、こう思ってページを読み進めているかと思います。

この世でダイジな思考はたった3つの数式とお伝えしてきただけに、ここでも筋を通してこうお伝えします。

習慣も、数式です。

あれ？ 割り算、引き算、掛け算、足し算はすでに登場してるけど？ と疑問符が頭に浮かぶかもしれませんが、一つまだ数式が残っています。

べき算、です。～の何乗という計算です。

べき算？ 正しくはべき演算と呼びますが、リズムがいいのでここでは「べき算」と呼ばせていただきます。2の2乗は4、2の3乗は8…とある数字をn回繰り返し掛ける「～のn乗」の計算のことです。累乗とも言います。

なんで「n乗」の計算なの？ それは**習慣がもたらす「学習効果」が、「n乗」レベルの勢いですさまじい**からです。数学的な専門用語で言うと効果が「指数関数的」と表現します。なんか効果がぐんぐん上がる感じがしますよね。

学習効果とは、経験や学びの積み重ねによって、パフォーマンスが上がる効果のこと。このときの積み重ね効果がべき算的な「n乗」なんです。「プラス」じゃなくて「乗」。ここが原価積み上げ式的足し算思考と、積み重ねによるべき算的学習効果の大きな違いです。

足し算とどう違うの？

足し算思考とべき算習慣の比較で見てみましょう。「1を聞いて10を知る」という諺を例にしてみます。1聞くと10賢くなるとします。それでは、1プラス1＝2聞くとどれだけ賢くなるでしょう？

足し算思考的に考えると、原価積み上げ式なので「1聞くと10賢くなる」をもう一回足して1＋1＝2聞くと、効果も10＋10＝20。20賢くなるという答えになります。

これがべき算習慣の考え方だとどうでしょう？　1＋1＝2、聞いたのは足し算思考と同じ。でも効果を出す数式が「何乗」なんです。今回の例だと10の2乗だから、100賢くなるという答えになります。学習効果ってすさまじいですね。

この習慣の積み重ねによる学習効果を上手に表したのが、前のセクションでもご紹介したイチローのこんな一言です。

「小さいことを積み重ねるのが、とんでもないところへ行くただひとつの道」

あれ？ 小さいことの積み重ねって足し算的な考え方だと思うけど…。ぼくはこの言葉の本質はそれとは違うと思います。**小さい習慣や経験を積み重ねていくと、いつかその効果は指数関数的に現れて、気づいたらじぶんがとんでもない領域に到達している、**という意味ではないでしょうか。日々の行いは足し算じゃなくてべき算。だから小さい経験や習慣をダイジにしようねって言いたかったんだと思います。

ちなみに、「～の何乗」というべき算がすさまじい効果を出す例をもう一つ。利率です。

利率とは、投資や貯蓄に上乗せされる金利とか、ある国の経済成長を計算する時に使います。仮に金利や経済成長を年10％とします。さて、年10％の利率が毎年続くとしたら、元の金額から2倍に増えるまで、つまり１００％成長するまで何年かかるでしょう？

足し算とべき算って、どう違うの？

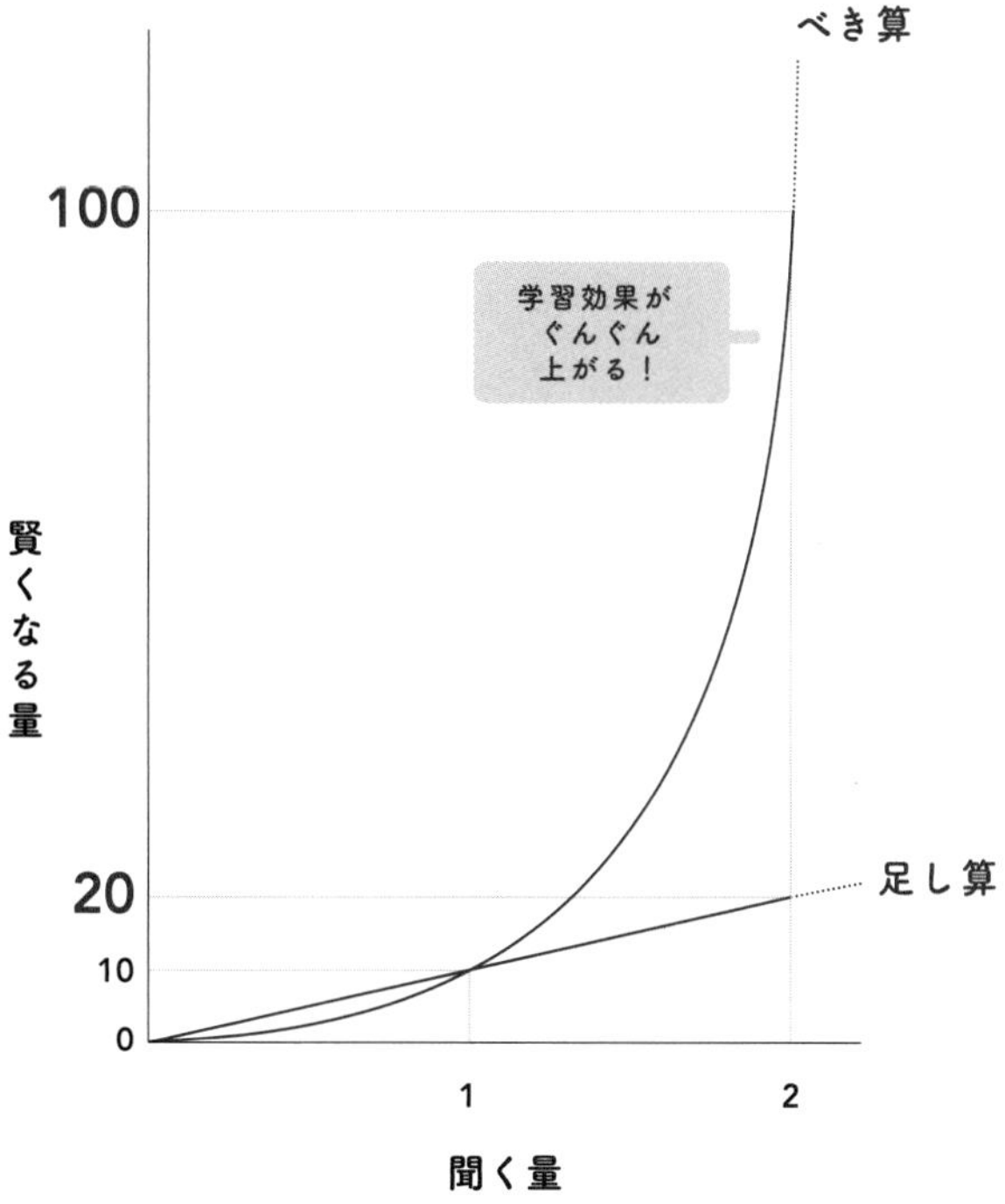

答えは、（100％の成長）÷（1年の利率10％）＝10年？　残念。不正解です。この計算は1年ずつ10％成長するという足し算的考えだと間違います。正解は年に110％ずつ成長して、110％の何乗（何年）で200％になるか？という計算をします。

答えは、約7年。足し算思考の10年より3年も早く成長するんです。こういう計算方法を「複利計算」と言います。

この爆発的成長スピードを生み出す「複利計算」について、あのアインシュタインがじぶんが発明した相対性理論を差し置いて「人類最大の発明は複利だ」と語ったエピソードもあります。金額を爆発的に成長させるのは複利で、人の成長に置き換えると複利に当たるのが毎日繰り返す「習慣」です。習慣、あなどれませんね。

3つの「n乗」習慣で思考を磨く

みなさんには、ぜひ驚異のべき算習慣を通して、加速度的に、わくわく楽しく新しい思考習慣を身につけていただければと思います。身につけていただきたいべき算習慣は次の3

つのタイプに分類できます。

①ツールのn乗

普段使う道具や持ち物をおすすめのツールに変えることで、思考力をn乗的に身につける、ツールの習慣

②ライフのn乗

時間の使い方、普段の日課を変えることで、思考力がn乗的に伸びる、環境づくりの習慣

③マインドセットのn乗

物事の考え方、意識の持ち方を変えることで、いつでも思考モードに入れるようなじぶんにn乗的スピードで到達できる、コンディションづくりの習慣

次のセクションからは、さらにわくわくする思考が身につく「n乗習慣」をタイプ別にご紹介したいと思います。

5-3

ツールのn乗①
思考が身につくツールとは？

もし手元に良いペンと、良いインクと、良い紙があったら、わけなく傑作を書けそうな気がする日々がある。

――アンドレ・ジッド

ノートとペンで「アウトプット」

わくわく思考が自然と身につく習慣の1つ目は、ツール。道具です。ツールというとパソコンやスマホのようなテクノロジーのこと？と考えられるかもしれませんが、もっともっとアナログな話です。むしろパソコンやスマホといった「道具」からはなるだけ離れる習慣づくりと言ってもいいかもしれません。

ぼくはコンサルタントとして働いて10年以上経ちますが、コンサル初仕事で出会ったプロジェクトマネージャーから言われた一言を今でも強烈に覚えています。

「本当に良い資料を作りたかったら、パソコンを閉じろ」

その一言にコンサル一年生のぼくは「ハイ？」とマネージャーの顔を二度見しちゃいました。だって、コンサルってアレでしょ？ パワポでスライド作るのが仕事じゃないですか？ メールチェックはどうするんですか？と頭の中でいろんなクエスチョンが飛び交いながらも、意外な表情を彼に向けていたら、プロジェクトマネージャーがこう続けてくれました。

「いきなりパワーポイントを開いても、良い資料なんて絶対にできないよ。まずは一枚の紙に向かって、一生懸命考えて、考えを整理するんだ。それまでは決してパソコンを開いてはならない」

「ちなみに、メールチェックなんて一日中やらなくてもいいだろ？ 送信してすぐメールを開くかどうかなんて、相手は気にしないよ。じぶんのペースでやればいいんだ」

ぼくにとってはコンサル人生で忘れられないくらいの目からウロコでした。じぶんでがっつり集中して考える時間をつくること、考えの整理は一番自由の利く方法である手書きが適していること。なるほど、確かにその通りだなと。

この「手書きで書く」習慣には、ペンと紙というツールが必要になります。これを使うべきという指定はありません。でもぜひ、決まったサイズの、決まった用紙やノートと、決まったペンを使うことをおすすめします。しかもできればそのペンとノートは、デザインや質、色にこだわって、お気に入りの定番を見つけること。そうすると、次のような「ツールのn乗」習慣の効果が現れやすくなるからです。

①紙に書くことを「儀式」化できる

習慣化のコツはなるだけ、自動的に行動に移せるルーティンにすること。これから考えるという時は必ず、お決まりのノートを開く、お決まりのペンを利き手に持つ。というふうに、考えるモードに入るまでの所作を「お決まりの儀式化」しちゃうと、自然と「考えるルーティン」が定着するようになります。

②自動的にテンションが上がる

お気に入りのノート、お気に入りのペンを選ぶと、それを手に入れるだけでテンションが上がります。気分をプラスの方向に変えると、これからやるぞという動機づけにもなるし、パフォーマンスも向上します。少し贅沢してもいいので、じぶんのツールはぜひお気に入りを厳選しましょう。

③自動的に「思考モード」に入れる

お気に入りの文房具を手にしてテンションを上げて、考えるまでの儀式を行うことを繰り返すと、自然と考えるモードに入る習慣ができると思います。つまり思考に必要な集中が高まった状態。思考力や集中力は鍛えて伸ばすこともできると思いますが、「自動的にそのモードに入る」習慣をつくることでも同じ効果が得られます。

ここまで書いて、お気づきになった方もいらっしゃるかと思いますが、紙とペンといえば会議や講演など聞き手としてメモを取るインプットのツールと考えられることが多いと思います。でも**紙とペンは考える、資料を作るといった「アウトプット」に使うことにより適しているる**とぼくは考えています。

紙とペンで「考える」＝アウトプットすることを毎日の習慣にできれば、本書で紹介してきたような、かてきょ式のお作法を実践する回数が急増します。思考の場数が蓄積されるわけです。場数を踏むうちに、自然とスキルは身につきます。習慣化できてしばらく経ったらきっと、紙に書いた数のn乗分だけ、生きた思考力が身についていると思います。

5-4

ツールのn乗②
デジタルツールは使っちゃだめ？

描くということはは吐き出す行為ですから、それだけでは、たちまちのうちにスッカラカンになってしまいます。描く一方で、摂取する、つまり、おもしろいことを探して、それを貪欲（略）に吸収してほしいのです。

——藤子・F・不二雄

PCやスマホで「インプット」

考えることは「アウトプット」。アウトプットにおすすめのツールは紙とペンでした。そして以外にもPCやスマホは思考の間はできるだけ遠ざけておくべき存在。

じゃあ、PCやスマホは使っちゃだめですか？

いえいえ、ちゃんと役割があります。「**インプット**」です。PCやスマホの特徴はデジタル。情報収集と整理では紙よりも格段にパワフルなツールです。**情報収集したり、思いついたアイデアを記録しておいたりするには、デジタルが大活躍します。**

足し算思考だと情報収集といえばググること。早く調べて収集すること。だからGoogleみたいな検索サービスを重宝します。確かにGoogleのおかげで知りたい情報を短時間で探すことはできるようになりました。でもそれだけでは「検索する」という習慣がつくだけ。検索結果を覚えて詳しくなるといった人より賢くなる欲求は満たせますが、じぶんの考えを周りに伝えるのに直接役には立ちません。

ダイジなのは収集した情報の整理。集めた情報をいつでもどこでも、引き出して使えるようにすること。漫画家、小説家、お笑い芸人、クリエイターの方々は、いろんな情報やアイデアを一つの「**ネタ帳**」にメモして大事に管理して、新しいアウトプットをする時にいつでも引き出せるように活用しています。

情報を整理して、いつでも引き出して新しいアイデアを生む。メモ帳はアウトプットをする人たちにとって最高のインプットツールです。そんな「メモ帳」習慣を、PCやスマホなどのデジタルツールを使ってじぶんのものにしてみてください。

デジタルには、クラウドの技術を使ってPCやスマホなど、どんな端末からでも入力ができて、どんな端末からでも検索やコピペができるメモアプリがたくさんあります。ぼくはEvernoteやGoogle SpreadsheetというアプリをじぶんのMac、iPad、iPhoneそしてApple Watchにインストールして使っています。

Macを使って調べ物した情報はすべてEvernoteに保存。

ぼくは読書はすべて自炊してデジタル化してiPadで読んでいるのですが、読書から得た情報やアイデアも、読書アプリにメモしてEvernoteに同期。

そして、日経新聞は電子版を毎朝iPadでチェック。気になる記事はすべてEvernoteに保存。外出先や移動中に入手した情報やアイデアは、iPhoneかApple WatchからEvernoteに入力。

はたらく女性のかていきょうしの個人コンサルは、ご相談内容とその時ご提案したことやぼく自身の気づきについて毎回Google Spreadsheetに表形式に整理してカルテのように管理。

ちなみに、この本にはちょいちょい名言が引用されているのでお気づきかと思いますが、ぼくは相当の名言フェチです。インターネットや読書で出会った名言も、Google Spreadsheetに保存して「名言データベース」を作っています。

調べ物、読書、新聞記事、アイデア、かてきょの内容、そして名言。ぼくはすべてクラウド上のデジタルツールという「ネタ帳」に一括管理する習慣にしています。そうすると、新しい資料を作ったり、仕事の相談を受けたりして新しい提案が必要となった時、参考となるネタをじぶんのネタ帳から引き出すのがすごく簡単になります。またネタ帳の内容がインプットするたびに成長するのが嬉しいので、ついつい継続してしまいます。

新しい習慣を定着させるには、その行動をしたらすぐ嬉しい見返りがある仕組みにすることが有効です。デジタルネタ帳は、インプットするたびにじぶんの引き出しが増えていくし、簡単にネタを検索して引き出せるという、嬉しい見返りがリアルタイムで発生する仕組みが満載なので、習慣化しやすいツールです。

インプットは思考の栄養源とも言える、大事な引き出し。デジタルツールを活用したインプットを習慣化すると、思考の幅がn乗レベルで豊かになると思います。

5-5

ライフのn乗①　毎日がアイデア工房に変わる

はじめは人が習慣をつくり、それから習慣が人をつくる。
——ジョン・ドライデン

私は自分の人生に満足してなかった。だから自分で人生を創造したの。
——ココ・シャネル

アイデアが出やすいプロセスって？

3つの思考が自然と身につく習慣の2つ目は、ライフ。環境づくりです。

環境って言われると、与えられるものと考えられがちです。恵まれるか恵まれないか、じぶんではどうにもならない「外部要因」として扱ってしまいます。環境に恵まれるか恵まれないか、恵まれた環境に所属するかどうか、それが問題だみたいな考え方ですが、あまりに固定化されすぎな考え方です。

環境や習慣によって、人の性格や思考、そしてスキルまでもが影響されるのは事実です。それを裏付ける心理学や社会学の実験もたくさんあります。

でもそもそも忘れてはいけないことがあります。**環境や習慣は変えることができる**ということです。神様が定めた永久不変の大前提ではありません。

例えば、思考の仕方はわかったけど、なかなか考え方の整理やアイデアがその場で思いつかないことってたくさんあると思います。あるいは一日が忙しくて、いろんなことを勉強したり考えたりする時間が取れないということもあると思います。まさに「外部要因」ですよね。どうにかしたいけど、どうにもできない気がして諦めちゃう。

でも環境も習慣も工夫次第で簡単に変えることができます。ここでご紹介したいのは2つの環境づくりです。

1つ目：自然とアイデアを思いつく環境づくり
2つ目：自然と本質を見抜くことができる環境づくり

まず1つ目を、このセクションでご説明していきます。

自然と発想しちゃう環境づくりは、アイデアが生まれるプロセスを、日常生活に習慣として組み込んじゃう工夫です。

前章でアイデアとは、天から降りてくるものじゃなくて、掛け算思考で見つける組み合わせだとお伝えしました。実はその掛け算思考は、アイデアが生まれやすくなるプロセスを組み合わせるとさらにパワーアップします。アイデアが生まれやすくなるプロセスとは次の4つのステップを順に踏むことです。

1たくさん調べる↓2たくさん考える↓3そこから離れる、別のことをする↓4アイデアが生まれる

え!? ３つ目のステップが意外なんですけど？と思われた方も多いかもしれません。これはアイデアの大家、ジェームズ・ヤングが唱えたアイデアを生むステップなのですが、まさに意外と思われる**ステップ３が重要**なんです。

あえて「別のこと」をするのも効果的

新しいことを考えるために、まずはたくさんの情報を調べて、そしてたくさん考えることは当然必要。でもその場で考え続けていても、新しいアイデアを生む掛け算思考はうまく発動しないことが多いんです。アイデアとは、今までにない新しい組み合わせを考え出すこと。「これと組み合わせてみては？」という意外な組み合わせ候補を思いつくには、一つダイジな要素が必要になります。

「自由」です。フリーダム。あることに集中して考え続けていると、考え方が固定化されて自由な組み合わせを思いつくのが難しくなります。そういう時はあえて、そのテーマから離れる。お散歩や皿洗い、入浴など全く別のことをする。実はこの「別のことをする」間も無意識的に掛け算思考は続いています。

別のことをしたり、別のことを感じたり考えたりしている時に「あれれ⁉ 今のコレと組み合わせてみては？」と無意識の掛け算思考の数式にピタッとハマる、自由で意外な組み合わせと巡り会うという具合です。

素敵なアイデアをたくさん生み出す人の多くは、自由な組み合わせに巡り会うための「別のこと」を毎日の習慣に取り込んでいるようです。習慣化する「別のこと」には次の3種類があると思います。

①リラックスできること

自由な組み合わせを思いつくためには気持ちも体もリラックスできる習慣が必要です。

②五感に心地良い刺激があること

綺麗な景色。鳥の声、風の音、波の音。水に触れて感じる柔らかい感触。または適度に体を動かしたり歩いたりするなど、五感に心地良い刺激があるような習慣が、より意外な組み合わせを思いつきやすくさせてくれます。

③あまり考えずにやれること

その「別のこと」に集中力を割いてしまうと、掛け算思考そのものが中止してしまいます。お掃除・お洗濯といった家事みたいに、ルーティン化できてあまり深く考えずにやれるものがおすすめです。

ぼくは、毎日同じ時間に、長めの半身浴をするのですが、やっぱり水(お湯)に浸かっている時は頭の中もほぐれているみたいでふとアイデアを思いつくことが多いです。また週末の早朝には都心にある杜《もり》の中をお散歩します。早朝なので人が少なく、豊かな自然を独り占め状態で歩いていると頭の中も喜んでいるようでいろんなアイデアを思いつきます。

毎日の長時間半身浴と週末早朝お散歩を習慣化しちゃうと、自然とその習慣が「アイデアを思いつくステップの時間」になります。想像力や集中力を鍛えなくても、習慣づけるだけで自動的に毎日アイデアを思いつく作業をしていることになる。毎日を掛け算思考のアイデア工房にできるので、掛け算思考がn乗レベルで向上する習慣です。

ライフのn乗② いざというときの禁断の一手

計画的になまけていたんだ。

――野比のび太（『ドラえもん』より）

大きな声では言えませんが…

わくわく思考が自然と身につく環境づくり。2つ目は特に引き算思考がn乗的に飛躍する習慣をご紹介します。「習慣」といっても毎日やるわけではなく、本当にダイジなことを見抜いたり、決断する時だけに起動する禁断の手法です。それはずばり、

ずる休み、です。

認められている時間中に働いて、一定の期間まとまった休暇を取る、そんな取り組みが日本で進められています。「働き方改革」「休み方改革」です。今までの日本のみんなで長時間労働、有給自粛みたいなオトコ社会のマッチョな働き方から大きな前進だと思います。

でもわくわく思考上手になるには、もう一つの休み方である「ずる休み」が必要だと思います。禁断の「ずる」ですから、あまり大きな声では言えませんので声を小さくしておすすめさせていただきます。

歴史上の人物で言うと、戦国武将、織田信長の桶狭間の合戦のエピソードはまさに「ずる休み」の典型的パターン。今川義元の大軍が領国に侵攻してきた時、家臣と作戦会議中だった織田信長は突然「ボク、もう寝る」と会議を放り出して退席しちゃいました。家臣は「織田もこのまま今川に占領されて終わるかも」とがっかりです。

ところが、信長は一人寝床でダイジな思索にふけり、今川軍に奇襲攻撃をかけるというダイジな決断をしてすぐに出陣。結果今川軍の意表をついて奇跡の大勝利を収めました。

意志や気力がみなぎってくる

身の回りにいませんか？　優秀な上司やリーダーが「あれ？　今（または今日）はいないな」という時。あまり大きな声では言えませんが、仕事がデキる人ほどダイジな決断をする時に使う定番の「サボり場所」や「隠れ家」を持っています。

大きな声では言えませんが、ぼくも重たい決断をする時に、禁断の「ずる休み」習慣という伝家の宝刀を抜いています。一言「今日は体調が悪いので休みます」とお断りを入れて、その日は何もしません。何もしないうちに、回復中のゲームのキャラクターみたいに意志や気力メーターが十分にたまってくるのがわかります。そうすると、じぶんが大事だと思っていることや決断しようとしている選択肢について「うん、やはり間違いない」という強い気持ちを持つことができるようになります。

サボったりずる休みをすると、ルールを破っているという感覚が生まれます。その禁断の感覚がいつもより気持ちを大胆にしてくれて、本質的な考えをしやすくしてくれるんです。思考の質を高めるという戦略的なサボりやずる休みって、プロとして立派な「仕事」だと思います。大きな声では言えませんが。

働き方改革的に早く帰ること、休み方改革的に計画的にまとまった休みを取ることも大事。でも政策や制度による休息に加えて、戦略的な「ずる休み」習慣を持つことも試してみてはいかがでしょうか。大きな声ではおすすめしませんが。

5-7

マインドセットのn乗①
思考の悪癖を一掃する

じつにオモシロイ。

——湯川学（ドラマ『ガリレオ』より）

□癖の魔法

わくわくする思考習慣、「ツール」「ライフ」に加えて、最後の3つ目は、マインドセット。気持ちの持ち方です。

マインドセットは、考え方の「癖」とも言えます。思考の作法を身につけるには、大胆に物事を整理して、ダイジな本質を見抜いて、新しいアイデアを見つけることが必要。常識や先入観にとらわれるような固定観念でがちがちな堅物マインドセットだと、思考の悪い癖が考えることを邪魔してしまいます。常識や先入観にとらわれず、固定観念のない「わくわく感のある」マインドセットが必要なんです。

でも「マインドセット」ってなんだかすごく難しそうに感じます。映画『マトリックス』みたいに頭にプラグを挿してインストールしないといけないのではと思いますよね。でも大丈夫。思考の癖「マインドセット」は大層なインストールをしなくても、ある習慣で身につけることができます。それは、

口癖、です。

コンサルタントの仕事を始め、そしてはたらく女性のかていきょうしとして個人のお仕事コンサルをしてわかったことがあります。やっぱりデキる人とデキない人は「言い方」でわかるんです。意見を言う時、質問する時、ピンチの時の一言がデキる人とデキない人は明らかに異なります。その時口にする一言が、じぶんの考え方の癖をつくるし、相手の考え方に決まった影響を与えるからです。

デキない人の口癖、デキる人の口癖

デキない人の口癖とデキる人の口癖を3つずつ、比較しながら紹介しますね。

①相手に意見する時の口癖

デキない人の口癖は「BUT」。否定形の「でも」で相手に意見します。言われた本人は否定されているのでその意見に対して壁をつくってしまいます。相手が考えに賛同しにくくなるんです。ちなみに「BUT＝でも」が口癖だと気づかない人って結構多いと思います。今日じぶんが「でも」を何回使ったか、振り返ってみると気づきがあるかもしれません。

デキる人の口癖「**AND**」。そして。さらにこうしてみるとどうでしょう？と相手の意見をリスペクトしてさらにじぶんの意見を「盛る」。意見されたほうは考えを認められて気分が良いので、あなたの「盛って」きた意見に乗ってくれる可能性が高まります。ひょっとすると、さらに相手が新しいアイデアを盛ってくるかも。お互いが協力しあって考えを成長させていける口癖です。

②質問する時の口癖

デキない人は「一つだけいいですか？」。相手の意見に対して重箱のすみをつついたような質問をするのがデキない人流。テストの穴埋め問題のように100％すべてを理解し記憶する必要があると考えて、本筋から離れていても気にせず細かい点を質問してしまう。わからない部分の確認だけなので、思考が発展しづらい口癖です。また答える相手も「そんな細かいことを聞いてどうするの？」と今後の議論の展開に不安を覚えてしまいます。

デキる人は**「ＷＨＹ？」「どうしてですか？」**と相手の考えを聞きます。あるいは**「それって何ですか？」「それって何に使うんですか？」「それを使うとどんないいことがあるんですか？」**といった質問です。

なんだか子供がするような質問ですね。みなさんは子供に「どうして？」と聞かれて「あれ？　そういえば、どうしてだろう？」と改めて考えさせられたことがあるかと思います。子供のような質問は、相手も改めてじぶんの考えについて固定観念を外してよく考える機会を与えてくれるし、意見を求められていることに好意を覚えます。お互いの思考が活性化する素敵な口癖なんです。

③ ピンチの時の口癖

デキない人は「どうしよう」「がんばろう」。悲壮感を与える口癖です。またはちょっとひねって「ピンチをチャンスに変えよう」という口癖もあります。これも漠然とした表現で結局ピンチを見て見ぬ振りしている現実逃避の印象を与えてしまいます。ピンチになると悲壮感や現実逃避では自由な発想がなかなか起動できません。

デキる人の口癖は一言「**おもしろい**」。そんなドラマが以前ありました。デキる人たちは共通ですが、ピンチや難しい課題を「おもしろい」「わくわくする」と感じます。ピンチに対する前向きな姿勢が、じぶんもそして周りも気持ちも思考もポジティブにさせてくれるのです。このため、みんながリラックスして前向きに思考をフル稼働しやすい状態をつくるパワフルな口癖なんです。

マインドセットと言われると難しいですが、普段の口癖を変えるだけで、じぶんも周りも、スンナリわくわくに突入できるようになります。明日からぜひ、習慣づけしてみてはいかがでしょう?

5-8

マインドセットのn乗②
どうしていいかわからないときは？

悩んでる暇に、ひとつでもやりなよ。

――ドラえもん

悩んでないで考える

わくわく思考が自然と身につくマインドセット習慣。最後にお伝えするのはタスクをする時の気持ちの持ち方です。じぶんの仕事やタスクについて、言われたことの意味がわからない、どうしていいか方法がわからない。そんな時の習慣です。それは、

悩まない。考える。

任されたタスクの基本情報や方法がわからないと、ついつい悩んでしまいます。悩むと思考がフリーズして手も止まってしまいます。思考がフリーズするマインドセットなんて、持ちたくないですよね。

え、普通仕事で悩まないですか？ ダメなんですか？と思う方もいらっしゃるかもしれません。でも**仕事のタスクには「悩む」という工程がそもそも存在しない**んです。

タスクとは、何かしら人が幸せになるアウトプットを生む作業です。人が幸せになるアウトプットなので、なるだけ効率的にコスパ良く、クオリティの高いものを生むのがタスクの目指すところ。そんなタスクは次の3つのステップです。

1 思考する → 2 行動する → 3 作業する

最初のステップは、情報を分析してどうタスクを進めたらよいかを考える。2つ目のステップは、考えた結果どんなアクションをとるべきか、意思決定して行動に移す。そして3つ目のステップで、意思決定したことを実現するために効率良くアウトプットを生む。

仕事のタスクの最初の一歩は「思考」。悩む時間も工程もありません。タスクのステップをみんなで効率良く高いクオリティで進めるためにも「思考」がより一層重要になるのです。

「悩む」にもダイジな役割があります。それは人生や人間関係、キャリアなど、成果物を生み出すタスクとは異なるテーマについてです。この種のテーマは効率やクオリティの問題ではなく「心」の問題。心を整える必要があります。心を整える時には思考は止めて「悩む」から始まる哲学的なステップをたどることになります。

1悩む→2解釈する→3解消する

人生で不安やストレスは当然生まれます。まずは悩む。できれば仕事やタスクから離れてじっくり悩む時間を持つほうがいいです。そして悩みについてカウンセラーやメンターに相談したり、自分自身と対話をすることで悩みについて意味づけしたり解釈をすることができるようになります。その結果、悩みが解消されて心を整えることができる。**悩むは仕事のタスク以外で活躍するステップ**なんです。

良い仕事をするためには必須の習慣

コンサルになりたての頃、仕事の仕方がわからずに悩んでいた同僚に、当時の上司がこうおっしゃったのを今でも鮮烈に覚えています。

「〜君、手が止まってるけど。何か悩んでるの？　悩むと何か、イイコトあるの？」

当時のぼくにとっては目からウロコでした。悩むのは心を整えるための哲学的なステップであって、仕事のタスクにそんなステップはないということに気づかされたのがこの時です。タスクでわからないことはまず調べる、そして考える。それでもわからなかったら誰かに聞くしかないんだ。

なんだ、仕事は上手に考えたらいいんだ。

一人で抱え込んで悩まなくていいんだ。

そう思い至った時に、なんだか仕事に対して感じていた心理的なプレッシャーがすごく軽くなったのを覚えています。

じぶんも周りも「あ、イイ♪」と思える仕事をしていくためにも、心の悩みや重みから離れて、常にわくわくした状態でいることが一番大事。「悩まない、考える」マインドセットは、良い仕事をするためにも必要不可欠な頭と心のコンディショニングの習慣なんです。

人を熱心に動かそうと思ったら、相手の言い分を熱心に聞かなければならない。

―― デール・カーネギー

ぼくたちのDNAに刻まれた秘密

あいつ（海賊王ゴール・D・ロジャー）はな…〝万物〟の声を聞けた………
それだけのことだ。

――シルバーズ・レイリー（『ワンピース』より）

大昔、この地球で人類が他の動物よりも繁栄した理由とは？　この永遠のテーマを探った研究で実におもしろい結論が出ました。

脳が進化したから？　道具を使うから？　言葉を使うから？

どれも違います。最大の理由はコレです。

初対面の相手にでも協力をする唯一の生き物だから。

なんだか素敵な結論ですよね。人間は頭がイイからスゴいんじゃなくて、生まれつき協力をする・味方を増やす。それがＤＮＡにプログラミングされているからスゴいんです。

ただ人類も文明が発展し民主的になり、個にスポットライトが当たる時代になりました。能力や競争が重視され、みんなと一緒にがんばる昭和、実力主義の平成の時代になり、周りよりスゴくなること・優れることが重視されました。ここでもう一度、舞台が地球規模に拡大したことで、価値観が異なる人たちと、新しい問題の解決ややりたいことを実現していくことが必要になってきました。

そのためには、やりたいことや想いに共感して協力してくれる味方が必要。そのためには、人より優れた思考じゃなくて、じぶんも相手もふにおちる、思考のお作法がダイジになってきます。**人本来の「誰とでも仲間になる」「味方になれる」ＤＮＡを再起動しなくちゃいけない時代に入った**とも言えます。

誰よりもスゴくなることが重要なんではなく、誰をも味方にできる。そんな人がこれからの時代に求められてるんだと思います。

この本を通して、「人よりスゴくなる」から「じぶんも相手もわくわくし」て味方を増やす思考のダイジさをお伝えしてきました。最後にこの思考に一番ダイジなことをお伝えしたいと思います。それは、

相手の想いに興味を持つこと、相手の話を聞くこと。

もしもみなさんが相手の考えに興味を持って、相手の想いや考えを引き出すことができたら、「あぁこの人はじぶんのこと認めてくれてるんだな」と感じて、みなさんの考えをきっと聞いてくれると思います。きっと味方になってくれると思います。

ぼくもいろんな思考を勉強して、コンサルやはたらく女性のかていきょうしの個人コンサルを通して、仲間を増やし、味方を増やし、チャンスやご縁をいただいてきました。その原点はやっぱり、目の前のクライアントやかてきょ女子・かてきょ男子に興味を持つこと、そしてとにかく話を聞くこと・聞き出すことでした。

こちらから教えることはせず、まずは聞き役に徹する。そして話を引き出すことに徹す

る。たぶん、それをしなかったら、周りとの実力や成果の果てしない競争に巻き込まれてしまい、今のぼくはいなかったと思います。

味方を増やすのが想いの実現の近道となりそうなこの時代。この本でご紹介したお作法を使って、相手の考えを引き出してみる。そしてじぶんの考えを伝えてみる。そんな行動が一つでも増えたら、嬉しいです。

John Lennon

Power to the people, right on

【著者紹介】

タブタカヒロ

ビジネスコンサルタント。はたらく女性のかていきょうし。東亜大学トータルビューティ学科客員准教授。外資系アパレル２社→ MBA 取得→コンサルティングファームという経歴で現在に至る。新卒でやたらと有能な女性の多い職場で女子力を鍛えられ、海外勤務も経験。その後、大手グローバルスポーツブランドへ転じる。MBA 取得後、コンサルティングファームにて、男臭いロジックと競争の世界に翻弄され、一瞬じぶんを見失ったものの、土壇場で開眼。周りを巻き込み味方を増やしてわくわく仕事をするスタイルを確立。週末にライフワークとして行っている「はたらく女性のかていきょうし」は大人気の数ヵ月待ち。セミナー開催や、雑誌取材、東洋経済オンライン連載など多方面で活躍中。共著に『外資系コンサルはなぜ、あえて「手書き」ノートを使うのか？』（KADOKAWA）がある。本書が単著デビュー作となる。

【はたらく女性のかていきょうし タブタカヒロ】
https://ameblo.jp/w92-3/

＼かてきょ式／わくわく思考せんりゃく。

2020 年 2 月 16 日　　第 1 刷発行

著　者――――――タブタカヒロ
ブックデザイン―――小口翔平＋岩永香穂（tobufune）
本文 & 図版デザイン―上坊菜々子
発行者――――――徳留慶太郎
発行所――――――株式会社すばる舎
〒 170-0013　東京都豊島区東池袋 3-9-7　東池袋織本ビル
TEL 03-3981-8651（代表）
03-3981-0767（営業部直通）
振替 00140-7-116563
URL http://www.subarusya.jp/
印　刷――――――株式会社光邦

ISBN978-4-7991-0884-0